建築と都市の美学 イタリアV 奇想

マニエリスム ［後期ルネッサンス］

監修 陣内秀信
写真 喜多章
編著 大槻武志

建築資料研究社

© 2001 Otsuki Takeshi Editorial Office
Photographs © 2001 KITA Akira

All Rights Reserved. No part of this publication may be reproduced or transmitting in any form or by any means, electronic or mechanical, including photocopy, recording or any other information storage and retrieval system, without prior permission in writitng from the publisher.

Published by Kenchiku-Shiryo-Kenkyusya
2-72-1 Ikebukuro, Toshima-ku,Tokyo 171-0014, Japan.

First Published 2001

ISBN 4-87460-571-0

Printed and bound in Japan by NISSHA

目次★建築都市の美学
イタリアV　奇想　マニエリスム［後期ルネッサンス］

ミケランジェロの建築 …………………………………………………… V−02
 フィレンツェ／メーディチ家礼拝堂
 ローマ／カンピドーリオ広場、サンピエートゥロ大聖堂、ポルタ・ピーア、サンタマリーア・デリ・アンジェリ聖堂

ローマと周辺のマニエリスム［後期ルネッサンス］ ………………… V−12
 ローマ／パラッツォ・マッシモ・アッラ・コロンネ、パラッツォ・スパーダ、パラッツォ・ゼッカ、パラッツォ・ファルネーゼ、ヴィッラ・ジューリア、ピウス4世のカシーナ、パラッツォ・ラテラネーゼ、パラッツォ・ツッカーリ、イル・ジェズー聖堂
 カプラローラ／ヴィッラ・ファルネーゼ
 ティーヴォリ／ヴィッラ・デステ
 ラークイラ／サンベルナルディーノ聖堂

北イタリアのマニエリスム［後期ルネッサンス］ ……………………… V−26
 マーントヴァ／パラッツォ・テ、パラッツォ・ドゥカーレの馬術の中庭、ジューリオ・ロマーノ自邸
 ヴェローナ／パラッツォ・ベヴィラックア、ポルタ・デル・パーリオ、パラッツォ・カノッサ
 パードヴァ／ロッジャ・コルナーロ、モンテ・デイ・ピエター
 ヴェネーツィア／ロッジェッタ、リブレリーア・サンソヴィニアーナ、パッラツォ・デッラ・ゼッカ
 ジェーノヴァ／ガリバールディ通り、パラッツォ・トゥールシ、パラッツォ・ポデスター、パラッツォ・ドーリア、サンタマリーア・アスーンタ・イン・カリニャーノ聖堂、ヴィッラ・カンビアーゾ
 ミラーノ／パラッツォ・マリーノ、サンフェデーレ聖堂
 アレッツォ／ヴァザーリの家
 フィレンツェ／パラッツォ・ヴェッキオ、パラッツォ・デリ・ウッフィーツィ、ヴァザーリの回廊、パラッツォ・ピッティ中庭、ボーボリ庭園の大グロッタ

パッラーディオの建築 ……………………………………………………… V−52
 田園建築（ヴィッラ）：ヴィッラ・バールバロ、ヴィッラ・カルドーニョ、ヴィッラ・フォースカリ、ヴィッラ・エーモ、ラ・ロトーンダ
 都市・公共建築（パラッツォ）：パラッツォ・デッラ・ラジオーネ、パラッツォ・ティエーネ、パラッツォ・キエリカーティ、パラッツォ・イエリッペ・ダ・ポルト、パラッツォ・ヴァルマラーナ、パラッツォ・バルバラーノ、ロッジャ・デル・カピタニアート
 教会・劇場・橋：サンジョルジオ・マッジョーレ聖堂、イル・レデントーレ聖堂、テンピエット・バールバロ聖堂、テアートゥロ・オリーンピコ、ポンテ・ヴェッキオ・ディ・バッサーノ

ルネッサンスの理想都市 ………………………………………………… V−78
 パルマノーヴァ／ポルタ・アクイレーイア
 サッビオネータ／テアートゥロ・アッランティーカ

同時代のヨーロッパ建築 ………………………………………………… V−82
 ドイツのルネッサンス
 オランダ・ベルギーのルネッサンス

表紙／ラ・ロトンダ
裏表紙／ポルタ・ピーア
前見返し／ヴィッラ・カルドーニョ
後見返し／パラッツォ・テ

建築と都市の美学　イタリア　全巻概要

Ⅰ　古典
ギリシア・ローマ

ギリシア建築
セリヌンテの神殿／パエーストゥムの神殿／セジェースタの神殿／アグリジェントの神殿／シラクーザの神殿／タオルミーナの劇場／セジェースタの劇場／シラクーザの劇場

エトルリア建築
チェルヴェーテリの地下墳墓／ペルージァのアウグストゥス門

ローマ建築
フォーロ・ロマーノ／フォルトゥーナ・プリミゲーニアの神域／ヴェースタ神殿／フォルトゥーナ・ヴィリーレ神殿／アッシージのミネールヴァ神殿／ブレーシャのカピトリーノ神殿／コロッセオ／マルチェッロ劇場／パーンテオン／トゥラヤヌスの市場／ティトス凱旋門／コンスタンティヌス凱旋門／マクセンティウスのバジーリカ／ミネールヴァ・メーディカ神殿

ローマ時代のヴィラ
ティーヴォリのヴィラ・アドリアーナ／ピアッツァ・アルメリーナのヴィッラ・カサーレ

ローマ時代の都市と住宅
ポンペーイ／エルコラーノ／オースティア

Ⅱ　神聖
初期キリスト教・ビザンティン・ロマネスク

初期キリスト教建築
ローマ：サンタサビーナ聖堂、サンタマリーア・マッジョーレ聖堂、サンタコスタンツァ廟、ラテラーノ洗礼堂／グラードのサンテウフェーミア聖堂／アクイレーイアのバジーリカ

ラヴェンナの初期キリスト教・ビザンティン建築
サンタポッリナーレ・イン・クラッセ聖堂、サンヴィターレ聖堂、ガッラ・プラチーディア廟

ヴェーネト・ビザンティンへの道
トルチェッロのサンタマリーア・アスンタ聖堂／ヴェネーツィアのサンマルコ聖堂／ムラーノのサンティ・マリーア・エ・ドナート聖堂

ローマ・教皇領のロマネスク建築とビザンティン装飾
ローマ：サンパーオロ・フォリ・レ・ムーラ聖堂、サンクレメンテ聖堂、サンタマリーア・イン・コースメディン聖堂／ポンポーザ修道院／スポレートのサンピエートゥロ聖堂

南イタリアのロマネスク建築
アマールフィ大聖堂／カセールタヴェッキア大聖堂／サレールノ大聖堂／マテーラの洞窟教会と住居

プーリア・ロマネスク様式
バーリのサンニコーラ聖堂／ビトント大聖堂／ルーヴォ・ディ・プーリア大聖堂／トゥラーニ大聖堂

アラブ・シチーリア・ノルマン様式
モンレアーレ大聖堂／パレールモのパラティーノ礼拝堂

Ⅲ　優美
ロマネスク・ゴシック

ロンバルディーア・ロマネスク様式
ミラーノのサンタンブロージョ聖堂／パヴィーアのサンミケーレ聖堂／コーモのサンタッボーンディア聖堂／モーデナ大聖堂／ピアチェンツァ大聖堂／クレモーナ大聖堂／フェッラーラ大聖堂／パルマ大聖堂／ヴェローナのサンゼーノ・マッジョーレ聖堂

トスカーナのロマネスク
ピーサのドゥオーモ広場／ルッカのサンミケーレ・イン・フォーロ聖堂／サンミニアート・アル・モンテ聖堂、サンジョヴァンニ洗礼堂

ロマネスク・ゴシック様式
シエーナ大聖堂／オルヴィエート大聖堂／フィレンツェ大聖堂、ジォットーの鐘塔

修道会から始まったゴシック建築
フォッサノーヴァ修道院／アッシージのサンフランチェースコ聖堂／ミラーノ大聖堂

ヴェネーツィア・花のゴシック様式
パラッツォ・ドゥカーレ、カ・ドーロ、パラッツォ・ジュスティニアン

中世の広場・世俗建築と町並み
シエーナのカンポ広場／フィレンツェのパラッツォ・ヴェッキオ／サンジミニャーノの大塔／ペルージァのパラッツォ・プリオーリ／トーディのポーポロ広場／ヴィテールボのサンペレグリーノ通り／グッビオのシニョリーア広場／カステル・デル・モンテ城／モンタニャーナの城壁

Ⅳ 理　知
ルネッサンス

ルネッサンスの始まり
フィレンツェ：大聖堂のクーポラ、オスペダーレ・インノチェンティ、サンロレンツォ聖堂パッツィ家礼拝堂、サントスピーリト聖堂

初期ルネッサンスの教会建築
マーントヴァのサンタンドゥレーア聖堂（アルベールティ）／ペルージャのサンベルナルデイーノ聖堂／ベールガモのコッレオーニ礼拝堂

初期ルネッサンスの世俗建築
フィレンツェのパラッツォ・メーディチ・リッカルディ（ミケロッツォ）／フェッラーラのパラッツォ・ディアマンテ（ロッセッティ）／ウルビーノのパラッツォ・ドゥカーレ（ラウラーノ）

ルネッサンスの広場と町並み
ヴィジェーヴァノのドゥカーレ広場／ピエンツァのピオ２世広場（ロッセリーノ）、モンテプルチァーノのグランデ広場（ミケロッツォ）

ヴェネーツィアのルネッサンス
スクオーラ・ディ・サンマルコ（ロンバールド）、サンザッカリーア聖堂（コドゥッシ）

盛期ルネッサンス
ミラーノのサンタマリーア・デッレ・グラッツィエ聖堂（ブラマンテ）、モンテプルチァーノのサンビアージォ聖堂（サンガッロ）／ローマのサンタマリーア・デル・ポーポロ聖堂キージ礼拝堂（ラファエッロ）

Ⅴ 奇　想
マニエリスム ［後期ルネッサンス］

ミケランジェロの建築
フィレンツェのサンロレンツォ聖堂メーディチ家礼拝堂／ローマのカンピドーリオ広場、サンピエートゥロ大聖堂クーポラ

ローマ周辺のマニエリスム
パラッツォ・スパーダ（ダ・カールピ）／ヴィラ・ジューリア（ヴィニョーラ、ヴァザーリ、アンマンナーティ）／カプラローラのヴィラ・ファルネーゼ（ヴィニョーラ）／ティーヴォリのヴィラ・デステ（リゴーリオ）／イル・ジェズー聖堂（ヴィニョーラ、デッラ・ポールタ）

北イタリアのマニエリスム
マーントヴァのパラッツォ・テ（ロマーノ）、ヴェローナのポルタ・パーリオ（サンミケーリ）／フィレンツェのパラッツォ・ピッティ中庭（アンマンナーティ）／フィレンツェのパラッツォ・デリ・ウッフィーツィ（ヴァザーリ）／ジェーノヴァのガリバールディ通り（アレッシ）／ヴェネーツィアのサンマルコ図書館（サンソヴィーノ）

パッラーディオの建築
ヴィチェンツァのバジーリカ、ラ・ロトンダ、オリーンピコ劇場、マゼールのヴィラ・バールバロ、ヴェネーツィアのサンジォルジォ・マッジォーレ聖堂

ルネッサンスの理想都市
サッビオネータ／パルマノーヴァ

Ⅵ 壮　麗
バロック

バロック都市ローマ
サンタンドゥレーア・アル・クイリナーレ聖堂、サンピエートゥロ広場の列柱（ベルニーニ）／サンカルロ・アッレ・クアットゥロ・フォンターネ聖堂、サンティーヴォ聖堂（ボッロミーニ）／サンタマリーア・デッラ・パーチェ聖堂（ダ・コルトーナ）／ピアッツァ・デル・ポーポロの双子の聖堂（ライナールディ、フォンターナ、ベルニーニ）／スペイン階段（サンティクス）／トゥレーヴィの泉（サールヴィ）

北イアリアのバロック
トリーノのサンロレンツォ聖堂（グアリーニ）／トリーノのストゥピニージ離宮（ユヴァーラ）／ヴェネーツィアのサンタマリーア・デッラ・サルーテ聖堂（ロンゲーナ）／コッローディのヴィッラ・ガルツォーニ／パルマのファルネーゼ劇場

南イタリアのバロック
レッチェのサンタクローチェ聖堂（ジンバロ）／ナーポリのサンタキアーラ修道院中庭（ヴァッカーロ）／カセールタのパラッツォ・レアーレ（ヴァンヴィテッリ）

シチーリアのバロック
ノートのニコラーチ通り／カターニアのクロチーフェリ通り／モーディカのサンピエートゥロ聖堂／パレールモのクアットゥロ・カンティ（ラッソ）／シラクーザ大聖堂（パルマ）

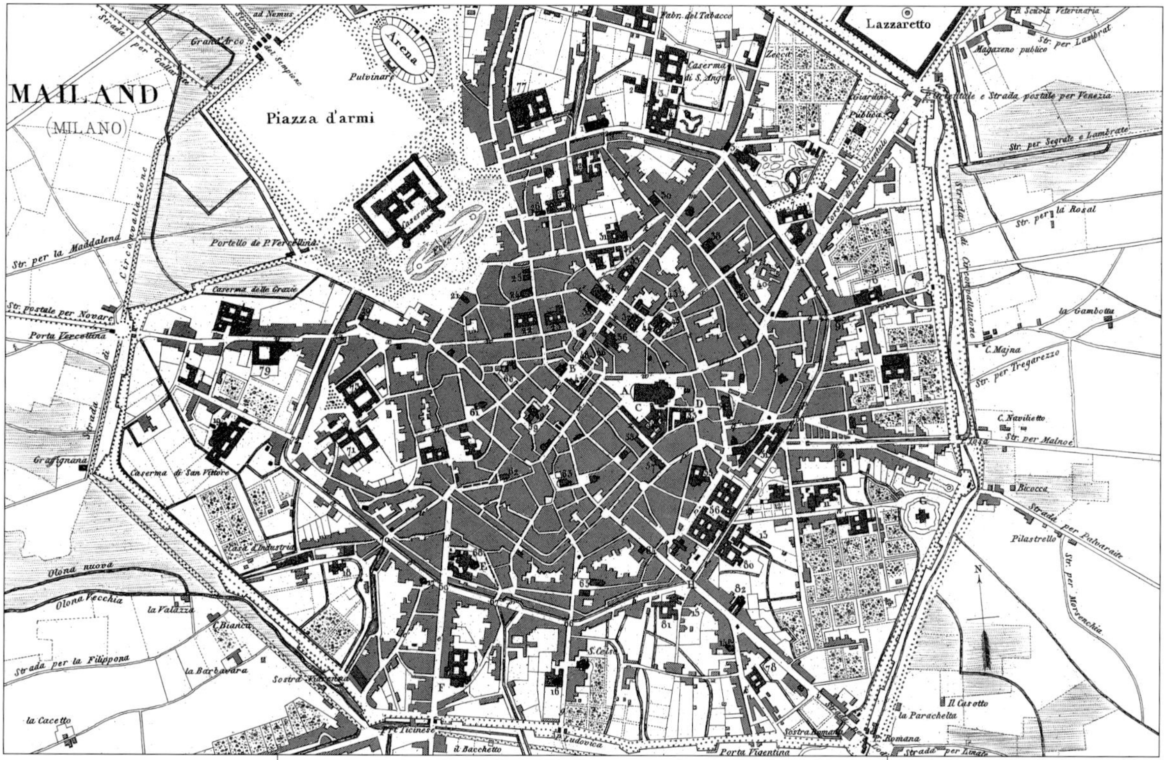

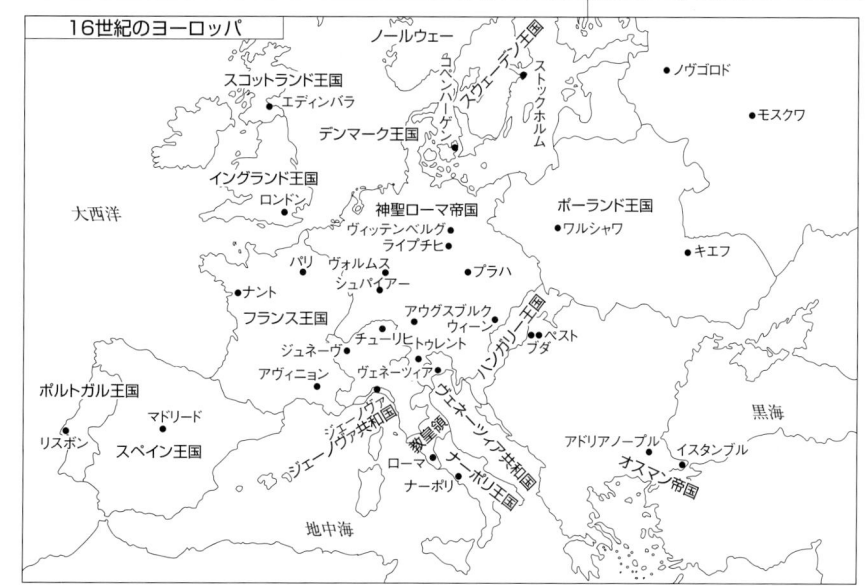

★ミラーノの都市構成
● 上／19世紀の地図
◆ 大聖堂広場 Piazza del Duomo (A) と公会堂前広場 Piazza della Broletto (B) を中心に放射状に道路が延びている。内側の環状道路は運河の外縁に沿っているが、13～15世紀にかけてこのほかにも多くの運河が造られて機能していた。都市の外側を取り巻く城壁は、16世紀中頃から約170年続いたスペイン統治時代に稜堡 bastioni が造られて整備されたことから、スペイン城壁 mura spagnole とよばれた。このスペイン統治時代にアレッシのパラッツォ・マリーノ〈p.V-44〉など、マニエリスム～バロック建築がミラーノの街に生まれたのである。

はじめに

　本シリーズはイタリアの建築と都市の様式の歴史を、イタリア人の美意識に留意しながらとらえようとするものである。

　なお、ここでいうイタリアの地理上の範囲は、現在のイタリア共和国の版図を指す。3世紀のローマ帝国が現在の西ヨーロッパのほとんどを領土としていたり、12世紀のヴェーネツィア共和国がクロアティアやコンスタンティノープルを領有していて、その当時、かの地に歴史的建造物を残していようとも、これをイタリアの建築として紹介することはしない。また、逆に15～17世紀のシチーリアがスペインの統治下にあったとしても、当時のシチーリア建築をスペインのものとは考えず、イタリアの建築として紹介する。ただし、巻末には同時代のヨーロッパの建築の図版を紹介し、広くヨーロッパの中でのイタリアを理解できるよう、読者の便宜を図った。

　本シリーズは基本的には時代の流れに沿って編集しつつ、時代ごとにある地域でのまとまりのなかで建築様式の流れを見ることとしている。11～13世紀のロマネスク様式の時代を、第Ⅱ巻（南～中部イタリア）と第Ⅲ巻（北イタリア）に分けたのは、南～中部のロマネスクは前代のビザンティン様式の影響が大きく、北部のロマネスクは後代のゴシック様式とのつながりが顕著だということによる。

　建築名・人名・地名の表記については、慣用表記にとらわれず、現地音（標準イタリア語）にできるだけ近づけるように心掛けた。とくにアクセントに留意して、これを基本的に「ー」（音引き）で表記した［例：Venezia＝ヴェネーツィア］。しかし、あまりに繁雑になることを避けるため、慣用表記でもアクセントのある母音がわかりやすい場合には「ー」を表記しなかった［例：Firenze＝フィレンツェ、Marco＝マルコ］。また、「t」と「tr」は区別した［例：Torino＝トリーノ、Trento＝トゥレント］が、「s」と「sc」は区別しなかった。その他、「gna」は「ニャ」、「nia」は「ニア」と表記するなどの試みをしたが、いまだ至らぬところも多く、碩学諸氏のご意見を賜りたい。

　写真説明においては、★建築名・地名・建造年、●写真説明、◆設計者・建築に関する解説、■付帯情報、の順に記した。

マニエリスム[後期ルネッサンス] 宗教改革時代のヨーロッパ

　1517年マルティン・ルターは、ドイツ神聖ローマ帝国北部の都市ヴィッテンベルクで「95か条の論題」を発表、いわゆる宗教改革の火蓋を切った。ローマ教会の腐敗を糾弾するルターの主張は諸侯の支持を得て、北ドイツ・北欧に広まった。神聖ローマ帝国南部(スイス)では、1523年チューリヒでのツヴィングリ、1541年にはジュネーヴでカルヴァンの改革が続いた。ここにカトリックとは一線を画するプロテスタント(新教)が成立し、ギリシア正教(オーソドックス)とあわせて、キリスト教世界は大きく三分割されてゆくこととなる。

　プロテスタントのなかでも、禁欲・勤勉の結果としての蓄財を肯定するカルヴァンの思想は、新興市民層(のちの資本家)の支持を得て、西ヨーロッパ各国に広まった。カルヴァン教徒は、フランスではユグノー、ネーデルラント(オランダ・ベルギー)ではゴイセン、イングランドではピューリタンなどとよばれ、かれらの活動がその後、資本主義社会の基盤をつくることとなったのである。

　一方、プロテスタント勢力の台頭に危機感をつのらせたローマ・カトリック教会は、1545年から何度か開かれたトゥレント公会議でローマ教皇至上権とカトリックの教義を再確認し、反宗教改革(対抗宗教改革)に打って出る。その先兵となったのが、イグナティウス・ロヨーラがパリで結成したイエズス会で、ローマの本拠として建立されたイル・ジェズー聖堂の様式は、その後のイエズス会聖堂のモデルとなり、彼らの活動にともなって世界中に広まった。

　16世紀のヨーロッパ各国にはイタリア・ルネッサンス様式の建築が広まっていたが、本家イタリアではルネッサンスの規範から故意に逸脱し、奇抜な発想をよしとするマニエリスム様式が生まれた。また、独自の古典主義様式を打ち出したパッラーディオの建築は、その著『建築四書』とともに後世に大きな影響を及ぼすこととなった。

ミケランジェロの建築

ルネッサンスの巨人、ミケランジェロ・ブオナッローティ Michelangelo Buonarroti（1475〜1564）は、フィレンツェで彫刻家としての名声を確立した。建築に携わるようになったのは、40歳近くになってからのことである。

1505年、ミケランジェロはローマ教皇に招聘されてローマに赴き、畢生の大作、システィーナ礼拝堂（ヴァティカン宮殿内）の天井画「最後の審判」を完成させた。1520年にはフィレンツェに戻り、サンロレンツォ聖堂内にメーディチ家の礼拝堂と図書館を設計・建築することとなった。これが、ミケランジェロが仕上げた、初めての建築らしい仕事となったわけである。

メーディチ家礼拝堂は、基本的に古典主義様式なのだが、ミケランジェロの天才は、当時のルネッサンス様式の規範に納まりきらず、そこから意図的に逸脱するところがあった。これがマニエリスムの原型となったと評価されている。

その後、ミケランジェロは1534年に再びローマに移った。カンピドーリオ広場の整備、古代ローマの大浴場のキリスト教会堂への改築などに、彼ならではの大胆な発想と繊細な仕事ぶりを目にすることができる。1546年、70歳をすぎたミケランジェロはサンピエートゥロ大聖堂の主任建築家となった。さすがにその完成までを自身の目で見ることはできなかったが、新機軸を打ち出して、行き詰まっていた大聖堂建設を完成の方向へと導いたのである。クーポラや後陣部に見られる力強い建築は、いまだに感動を呼び起こす。

★サンロレンツォ聖堂メーディチ家礼拝堂〈新聖具室〉、トスカーナ州フィレンツェ、1520〜34年。
Cappella Medicea, ovvero Sagrestia Nuova, Firenze.

●左頁／礼拝堂内部、ウルビーノ公ロレンツォの墓碑。左／礼拝堂内部、ネムール公ジュリアーノの墓碑。

◆ミケランジェロ Michelangelo が設計・着工し、ヴァザーリ Giorgio Vasari やアンマンナーティ Bartolomeo Ammannati の手で完成した。構造はブルネッレースキの旧聖具室などルネッサンスの伝統的規範を受けつつ、随所にミケランジェロならではの大胆な発想が見られ、マニエリスム建築の原型と評価されている。クーポラ内部はローマのパンテオン〈第Ⅰ巻〉を参考にしたと思われる放射状の格天井で、壁面は付け柱や花綱飾りなどで装飾されている。また、ミケランジェロ自らが彫り上げた見事な墓碑もふたつ設置されている。ひとつは柩の上に横たわる「曙」「夕暮れ」の寓意像と傭兵隊長の鎧をまとったウルビーノ公ロレンツォ、もうひとつは柩の上の「昼」「夜」とネムール公ジュリアーノの墓碑である。

■ミケランジェロは1505年30歳のときに教皇ユリウス2世に呼ばれ、フィレンツェを離れてローマでの仕事についていたが、メーディチ家出身の枢機卿ジューリオ〈のち教皇クレメンス7世〉から、サンロレンツォ聖堂敷地内にメーディチ家の礼拝堂と図書館を建設する依頼を受け、これに着手した。このラウレンツィアーナ図書館 Biblioteca Laurenziana も、イタリア・マニエリスムを代表する建築とされている。

★カンピドーリオ広場、ラーツィオ州ローマ、1538～17世紀。Piazza Compidoglio, Roma.
●上／パラッツォ・セナトーリオから。下／パラッツォ・ヌオーヴォ。右頁上／左からパラッツォ・ヌオーヴォ、パラッツォ・セナトーリオ、パラッツォ・デイ・コンセルヴァトーリ。右頁下／パラッツォ・デイ・コンセルヴァトーリ柱廊からパラッツォ・セナトーリオをのぞむ。
◆ミケランジェロ Michelangelo が設計・着工し、彼の死後、ジァコモ・デッラ・ポルタ Giacomo Della Porta やジローラモ・ライナールディ Girolamo Rainaldi らが完成させた。ミケランジェロは既存のパラッツォ・セナトーリオ Palazzo Senatorio とパラッツォ・デイ・コンセルヴァトーリ Palazzo dei Conservatori のファサードを改築、新たにパラッツォ・ヌオーヴォ Palazzo Nuovo を同一様式で設計し（完成は17世紀）、統一感を持たせた。広場は奥へ行くほど幅が広がった台形状なのだが、透視画法効果の錯覚によってそうとは感じられず、正面奥の建物が大きく見え、堂々たる空間の広場と感じられる。大胆なデザインで舗装された広場の中央には、ローマ時代のマルクス・アウレリウス騎馬像（現在のものはレプリカ）がミケランジェロ作の台座上に置かれて、ローマ市街を見下ろしている。〈p.V－11に図〉

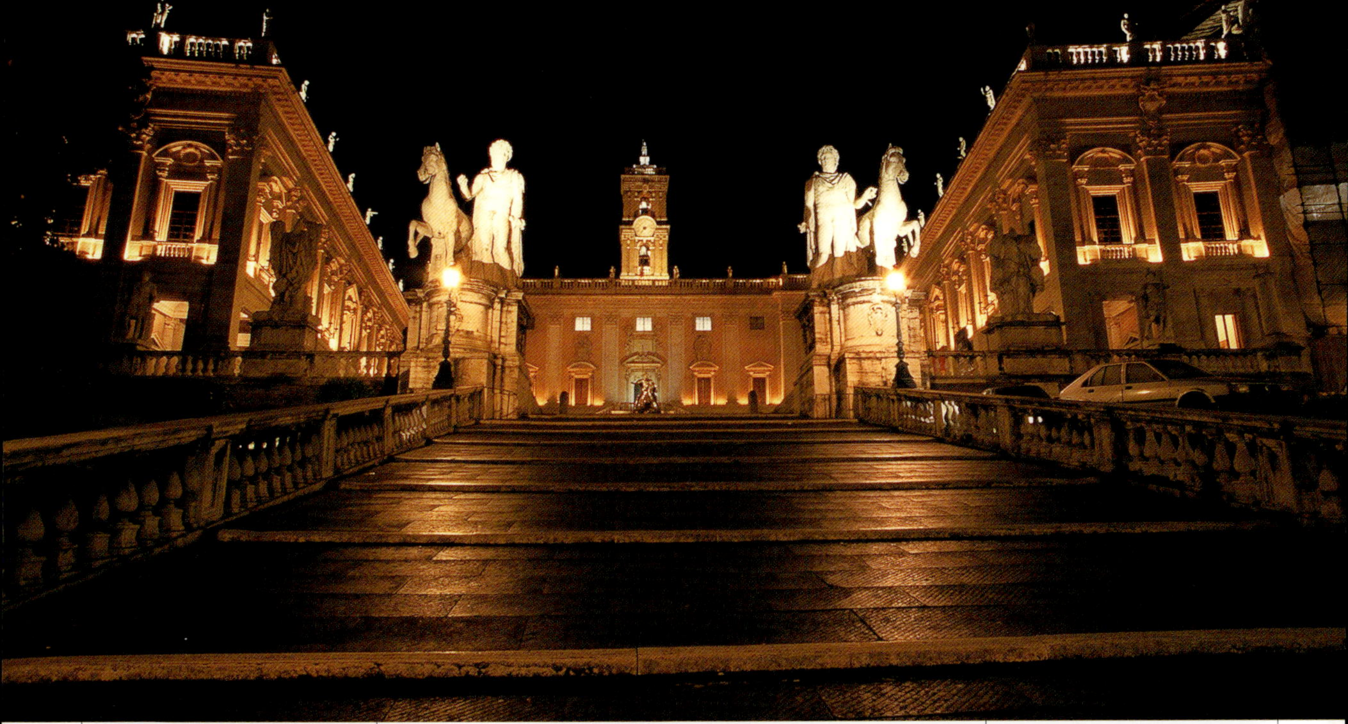

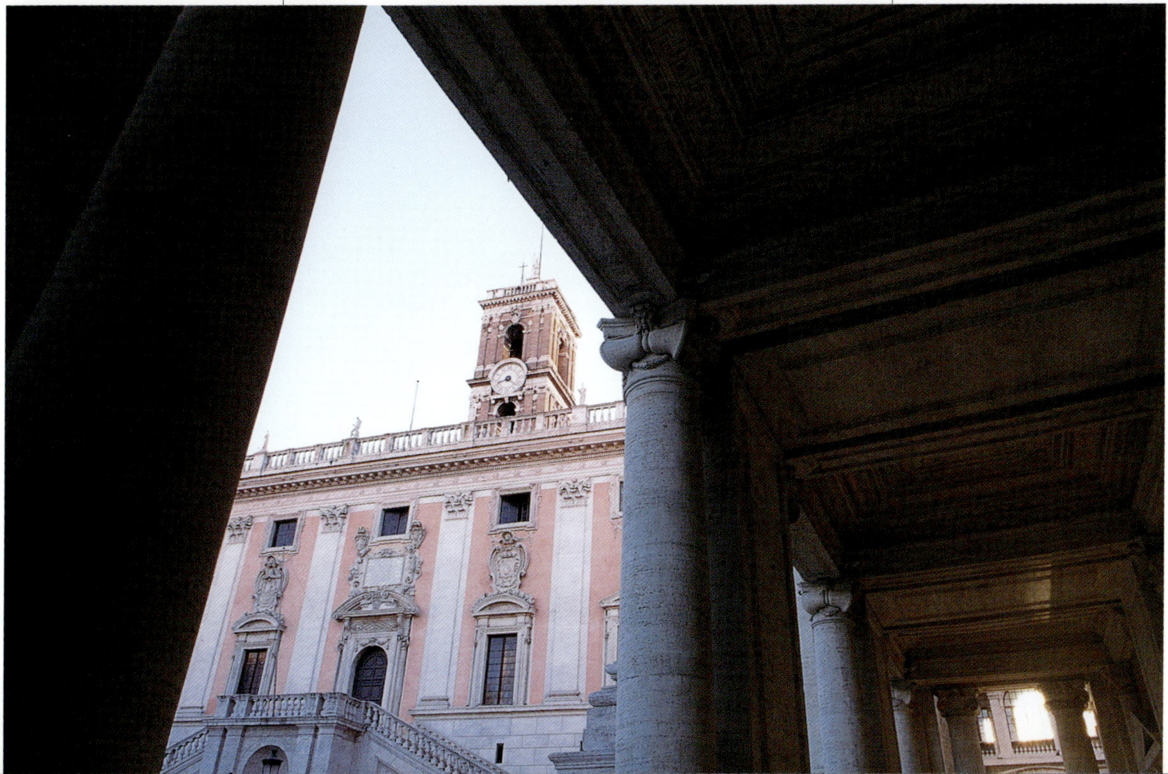

ARCHITETTURA ITALIANA

★サンピエートゥロ大聖堂、ラーツィオ州ローマ、ヴァティカン市国、16〜17世紀。
Basilica di San Pietro, Roma, Vaticano.
●右／クーポラと後陣部。ヴァティカン市国から。右頁上／クーポラ。右頁下左・右頁下右／後陣部。ヴァティカン市国から。

◆ミケランジェロ Michelangelo がサンピエートゥロ大聖堂の主任建築家となったのは、71歳のとき（1546年）だった。ミケランジェロはそれまでの設計案よりも外壁を厚くし、構造を単純化するよう考えた。大クーポラはミケランジェロの死後、ジャコモ・デッラ・ポルタ Giacomo della Porta の手で完成した。ファサードはカルロ・マデールノ Carlo Maderno の設計に変えられた〈第VI巻〉が、後陣部にはミケランジェロの力強い設計が生きている。
〈p.V-10〜11に図〉

■サンピエートゥロ大聖堂の再建は1506年ブラマンテ Bramante を主任建築家として始まった。その後、ラファエッロ Raffaello、アントーニオ・ダ・サンガッロ・イル・ジョヴァーネ Antonio Sangallo il Giovane へと引き継がれ、何度も設計変更がおこなわれた。1546年にサンガッロが没すると、ラファエッロの弟子ジューリオ・ロマーノ Giulio Romano が責任者に指名されたが、ロマーノはその年のうちに亡くなってしまう。こうして老ミケランジェロに白羽の矢が立ったわけである。ミケランジェロ以後は、ヴィニョーラ Vignola、ピッロ・リゴーリオ Pirro Ligorio、デッラ・ポルタ、ドメーニコ・フォンターナ Domenico Fontana、カルロ・マデールノと受け継がれていき、1626年に献堂された。

★ポルタ・ピーア、ラーツィオ州ローマ、1561〜64年。
Porta Pia, Roma.
● 左・下／外観。
◆ ミケランジェロ Michelangelo 最晩年の仕事で、ローマ北東部の市門である。城壁都市の門は普通、街への入口として外に向かった方を正面とするものだが、この門はローマ市街を向いた面にマニエリスム的な凝った装飾がなされており、明らかにこちらを正面として意識していたと思われる。
■ 門の名前ピーアは、教皇ピウス4世にちなんだもので、この門からローマ市中へ向かう直線道路もピウス4世によって計画されたものである。

★サンタマリーア・デリ・アンジェリ聖堂、ラーツィオ州ローマ、1561〜64年。
Santa Maria degli Angeli, Roma.
●上・下右／聖堂内部。下左／正面外観。
◆ポルタ・ピーア〈p.V−08〉同様、ミケランジェロ Michelangelo 最晩年の仕事で、古代ローマのディオクレティアヌスの浴場を改造して、キリスト教の聖堂としたものである。正面入口は温浴室のアプシスの一部、聖堂中央部は浴場の中央大広間を利用している。
〈p.V−10に図〉

ARCHITETTURA ITALIANA

★サンピエートゥロ大聖堂、ローマ、ヴァティカン。
●右／クーポラの構造。右頁上左／ミケランジェロの設計案。右頁上右／断面図。
◆〈p.V-06〉

★サンタマリーア・デリ・アンジェリ聖堂、ローマ。
●下／聖堂内部。
◆〈p.V-09〉

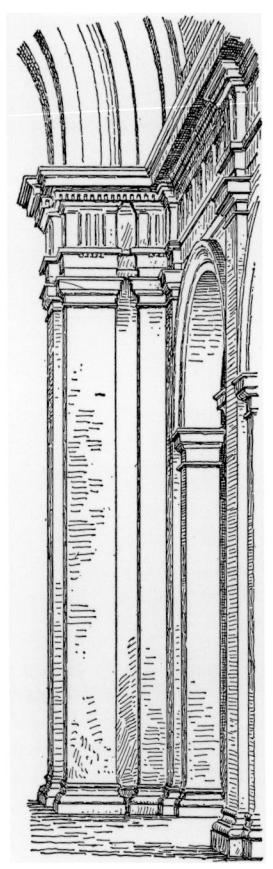

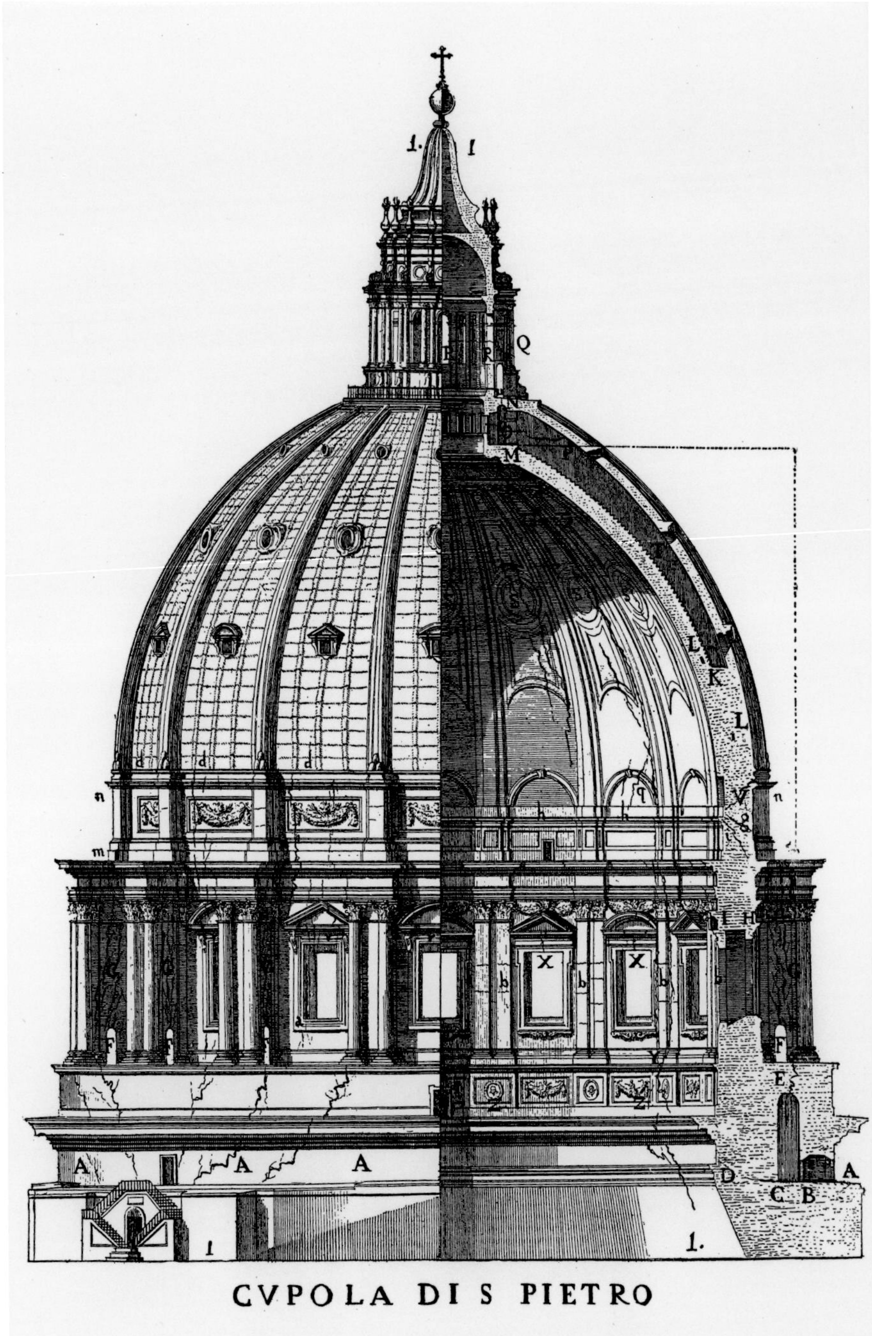

CVPOLA DI S PIETRO

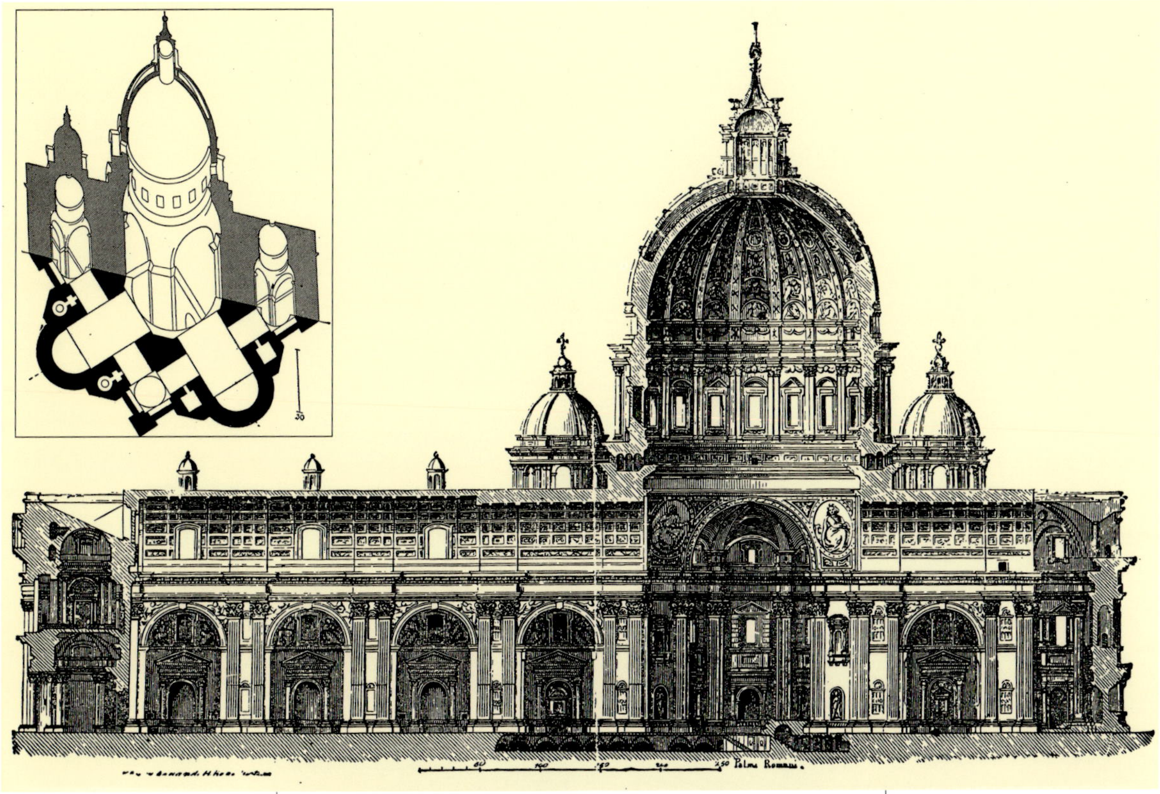

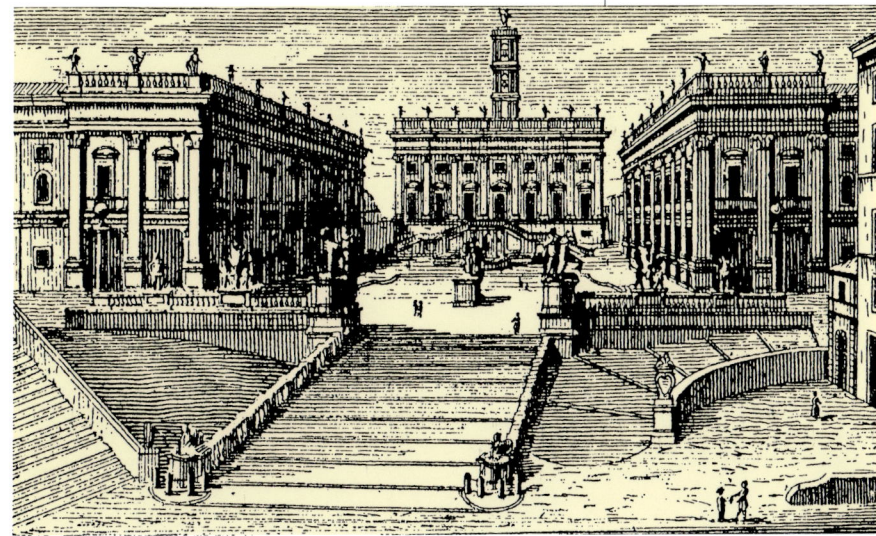

★カンピドーリオ広場、ローマ。
Piazza Compidoglio, Roma.
●下／18世紀の銅版画から。
◆ ⟨p. V-04⟩

ローマと周辺のマニエリスム［後期ルネッサンス］

　フィレンツェでブルネッレースキが新たな様式を生み出してから100年ほどたった1520年、そのルネッサンスの申し子ともいうべきラファエッロが、まだ40歳にもならない若さでこの世を去った。ブラマンテもすでになく、ミケランジェロはフィレンツェに戻っており、ローマの建築界はカリスマ的指導者を失いつつあった。

　この頃、マルティン・ルターがおこした宗教改革(1517年)の炎は西ヨーロッパ各地に広がり、ローマ教会にとっては悩みの種となっていた。そんななかの1527年、神聖ローマ帝国軍がローマに侵入するという大事件（ローマ劫掠）が起こった。市内での戦闘・略奪行為は7か月間も続き、ペストまで流行して、4000人以上の死者を出すという最悪の事態となったのである。この事件を契機として、ローマを離れる建築家も相次いだが、そのことがローマの進んだ建築様式をイタリア各地に広めることともなったのである。

　ローマにとっては、まさに激動の時代の始まりであった。そして、ローマにのこった建築家のなかで、バルダサッレ・ペルッツィや、ピッロ・リゴーリオ、ヴィニョーラらは、それまでのローマの盛期ルネッサンス様式とは少し違った建築様式を生み出していく。時代は変革を求めていたのである。

　この16世紀前半から、バロック様式が生まれる17世紀前半までの約100年間の建築様式を、マニエリスム、または後期ルネッサンスとよぶ。

　マニエリスムとは、マニエラ（手法、様式）から生まれた用語で、「型にはまった」「わざとらしい」という否定的意味合いで使われていたこともあったが、現在ではそうした批判的意味は含まず、16世紀ヨーロッパで支配的だった芸術様式をさすものとされている。建築においては、それまでの盛期ルネッサンス様式の規範から意図的に逸脱し、装飾性を強めたところに特徴がある。しかし、規範からの逸脱とはいうものの、基本的には古典様式にのっとっており、そうしたことから後期ルネッサンスという呼称の方が、全体をとらえているという意見もあり、本巻では両方の呼称を併用することとした。

★パラッツォ・マッシモ・アッレ・コロンネ、ラーツィオ州ローマ、1532〜36年頃。
Plazzo Massimo alle Colonne, Roma.
●左／外観。
◆バルダサッレ・ペルッツィ Baldassarre Peruzzi の設計。かつて存在した古代ローマ劇場の曲線にそって道路がカーブしており、それにあわせて湾曲したファサードが造られている。1階柱廊にはドーリス式の円柱6本がカーヴをうまく生かして並び、左右の付柱とともに、上部の壁体を受け止める構造となっている。

★パラッツォ・スパーダ、ラーツィオ州ローマ、1548〜50年頃。Plazzo Spada, Roma.
●上／中庭。下／正面外観。
◆設計はジローラモ・ダ・カルピ Girolamo da Carpi。壁面すべてが彫像とスタッコ細工（化粧漆喰）の装飾で埋め尽くされている。とくに花綱飾りのスタッコ細工が美しく、建築に華やかさを与えている。ローマ・マニエリスム、珠玉の建築である。
■17世紀にフランチェースコ・ボッロミーニ Francesco Bollomini が改装し、4倍もの奥行きを見せる「遠近法の間」を造った。

★パラッツォ・ゼッカ、ラーツィオ州ローマ、1530年頃。
Palazzo Zecca, Roma.
●上右／正面外観。
◆アントーニオ・ダ・サンガッロ Antonio da Sangallo il Giovane の設計。放射状に広がる2本の道路の要の位置にファサードがあり、パラッツォ・マッシモとは逆に、内側に湾曲している。

★パラッツォ・マッシモ・アッレ・コロンネ、ローマ。
●上左／外観部分。
◆〈p.V-12〉

★パラッツォ・ファルネーゼ、ラーツィオ州ローマ、1515〜50年頃。
Plazzo Farnese, Roma.
●下／正面外観。
◆アントーニオ・ダ・サンガッロが設計・着工し、彼の没後、ミケランジェロが一部を改変して建設した。中庭の装飾・意匠が名高いが、現在フランス大使館となっていて、見学・取材はままならない。

ARCHITETTURA MANIERISMO

Questa facciata nõ fu messa in opera per la morte del architetto.

Facciata del Giesu come al presente si troua fatta da Iacomo della Porta.

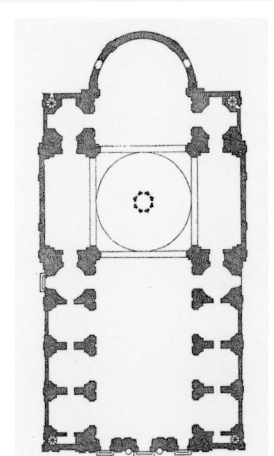

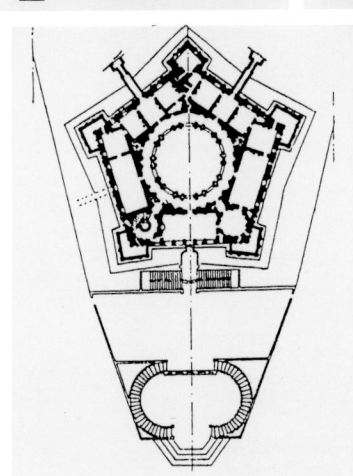

★イル・ジェズー聖堂、ローマ。
●上左／ヴィニョーラの計画案。上右／デッラ・ポルタの計画案。下左／平面図。
◆ヴィニョーラ案は、花綱飾りを用いて彫像を多用するところなど、マニエリスム的である。一方、デッラ・ポルタ案(実現)は、初期ルネッサンスのようなすっきりとしたデザイン。渦巻形の袖壁はのちのバロック様式でも多用されたが、ファサードは凹凸が少なく曲面も持たず、平面的である。
⟨p.V−24⟩

★ヴィッラ・ファルネーゼ、カプラローラ。
●下右／平面図。
◆ ⟨p.V−18⟩

V−15

ARCHITETTURA ITALIANA

★ヴィッラ・ジューリア、ラーツィオ州ローマ、1551〜55年。Villa Giulia, Roma.
●上／中庭。下／正面入口。右頁上左／回廊の天井。右頁上右／開廊からニンフェウムを見る。右頁下／ニンフェウム。
◆設計・建設にはバルトロメーオ・アンマンナーティ Bartolomeo Ammannati、ジョルジョ・ヴァザーリ Giorgio Vasari、ジャーコモ・バロッツィ（通称ヴィニョーラ）Giacomo Barozzi da Vignola があたった。

正面入口は古代ローマの凱旋門をモチーフとして、粗面仕上げの円柱・付柱・アーチなどで構成されている。中庭に入り振り返ると、ファサード内側が大きく湾曲した姿を見せる。1階は回廊になっていて、円筒ヴォールトの天井には緑を基調にしたフレスコ画が描かれている。

中庭の奥には開廊があり、その先に一段低いもうひとつの中庭がある。ここが名高いニンフェウム ninfeo で、三段構成になっている。開廊からは湾曲する階段で下におりられ、半円形の手摺をめぐらした、さらに一段低い泉のある空間をながめられる。手摺のある中段の壁龕（へきがん）にはアルノ川とテーヴェレ川の寓意像が横たわり、下段では4体のニンフ像が柱となって泉と洞窟を守るかのように立っている。
■ニンフェウムとはニンフ（ギリシア神話の山野・泉などの精）をまつった神殿のことで、のちに噴水・花の植え込みなどのある建物も指すようになった。

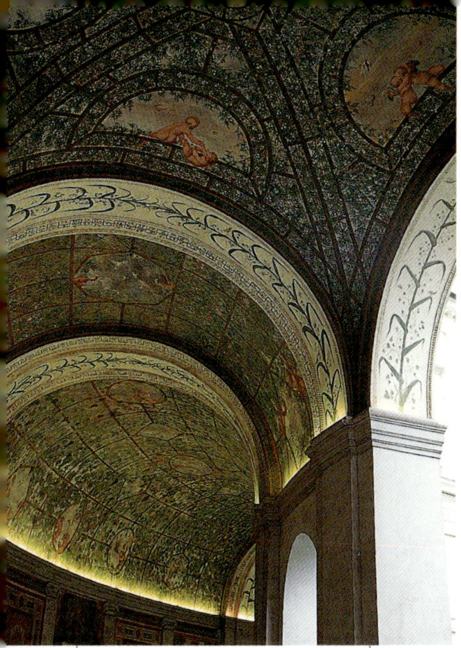
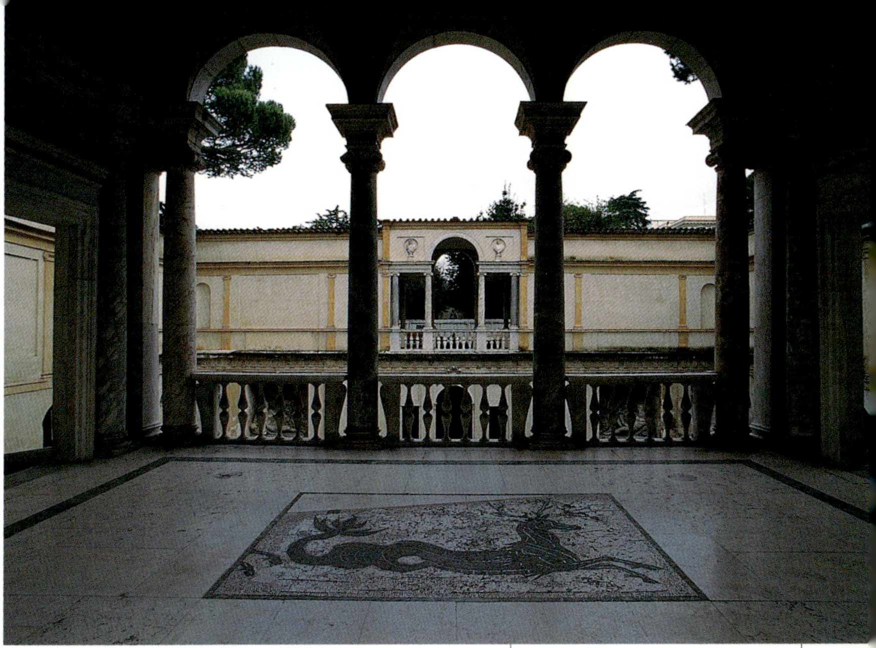
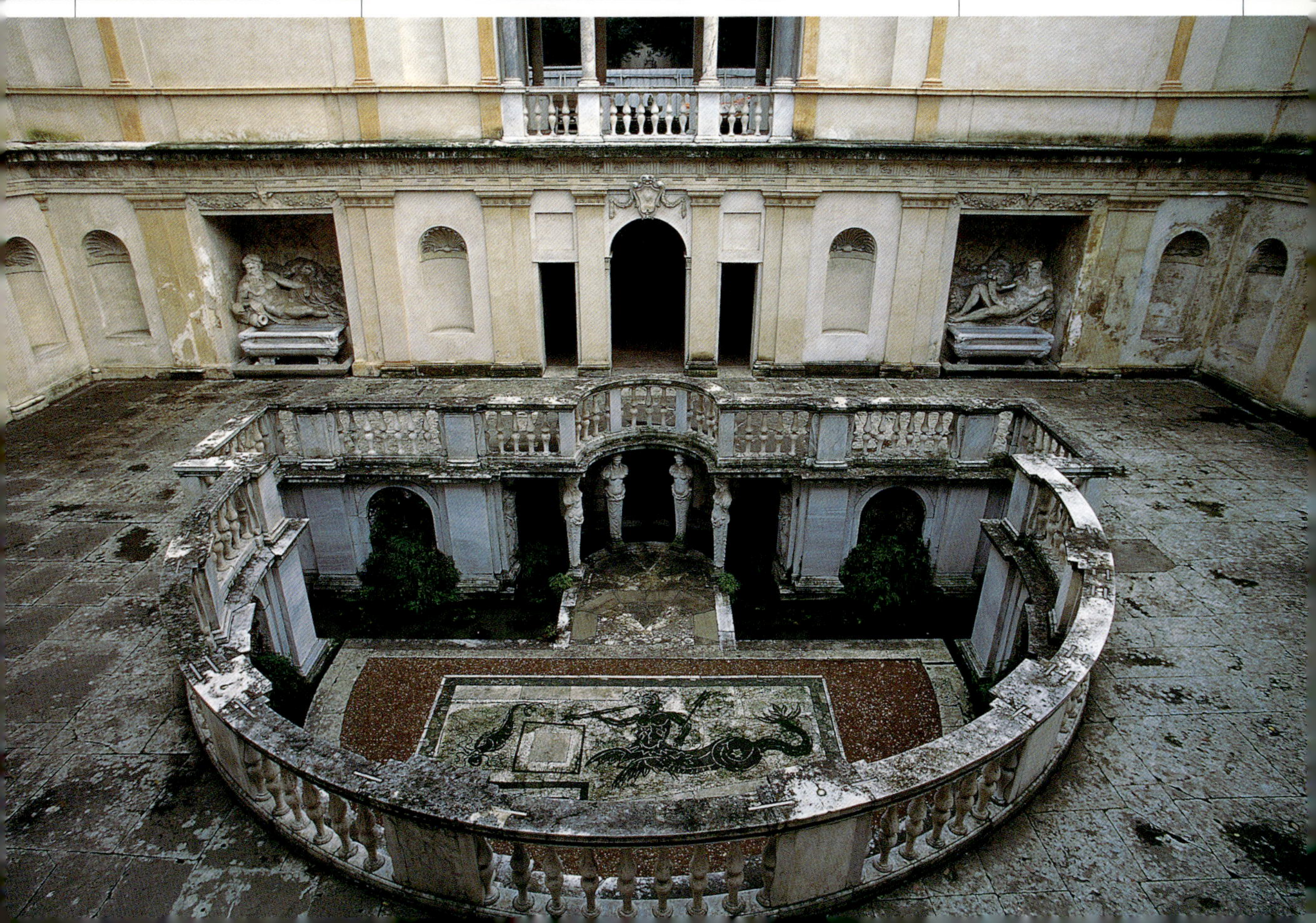

★ヴィッラ・ファルネーゼ（またはパラッツォ・ファルネーゼ）、ラーツィオ州カプラローラ、1559〜75年。
Villa Farnese, Caprarola.
●上／正面外観。下／正面階段。
◆ヴィニョーラ Vignola が設計・建設。丘の斜面にできた町の最上部に位置し、二段階の長いアプローチを経てやっと玄関にたどり着く。外観からは四角形にしか見えないが、じつは五角形建物で、中央には円形の中庭を持つ。外観からは内部が想像できないところなど、ヴィッラ・ジューリア〈p. V-16〉とも共通する、ヴィニョーラの特異な発想が生きている。
〈p. V-18に平面図〉

★ヴィッラ・デステ、ラーツィオ州ティーヴォリ、16世紀後半。
Villa d'Este, Tivoli.
●上・下／邸館内部。
◆ピッロ・リゴーリオ Pirro Ligorio が、エステ家出身の枢機卿イッポリートの依頼で設計・建設した。建物は旧ベネディクト会修道院を改築したものというが、内部の装飾はマニエリスム的で、ヴァザーリ Vasari やジゥーリオ・ロマーノ Giulio Romano らと共通するモティーフが見受けられる。邸館よりも、庭園・噴水のほうが有名である。〈p.Ⅴ-21〉

★ヴィッラ・デステ。Villa d'Este, Tivoli.
●左頁／オルガンの噴水 Fontana dell'Organo、1568〜1611年。上／百の噴水 Cento Fontane、1569年〜。下／庭園に面した大階段 Scalone。
◆ピッロ・リゴーリオ Pirro Ligorio の設計・建設。庭園は邸館の大階段から見ると北西方向に階段状のテラスとなって下降している。ティーヴォリは現在も名水の産地で、豊富な水を利用した数多くの噴水が庭園内に配置されている。オルガンの噴水は水圧で音の出るからくり噴水だった。
〈p. V-19〉

★ピウス4世のカシーナ、ヴァティカン市国、1558〜61年頃。Casina di Pio IV, Città del Vaticano.
●上／ロッジア Loggia（中央）とヴィッラ Villa（右奥）、左はサンピエートゥロ大聖堂のクーポラ。下／ロッジア正面。
◆ピッロ・リゴーリオ Pirro Ligorio の設計・建設。ヴァティカン市国内の庭園にあり、小さな中庭を挟んで西側のヴィッラと、東側の噴水とニンフェウムを持つロッジアなどから成る。カシーナとは小さな家の意で、その名の通り小ぢんまりとした建物群だが、彫刻・浮彫り・フレスコ画で埋め尽くされた、不思議な魅力のある建築である。

★パラッツォ・ツッカーリ、ラーツィオ州ローマ、1590年頃。
Palazzo Zuccari, Roma.
●上／正面外観。
◆フェデリーコ・ツッカーリ Federico Zuccari が設計した自邸。入口とその左右の窓の開口部を、人の口に見立てるという奇抜な発想の意匠は、マニエリスム〜バロック庭園のグロッタ（洞窟）などとも共通する。退廃のムードが漂うが、どこかユーモアを感じさせるところで、かろうじてグロテスク趣味と一線を画している。

★パラッツォ・ラテラネーゼ、ラーツィオ州ローマ、1586〜89年。
Palazzo Lateranese, Roma.
●上／正面外観部分。
◆ドメーニコ・フォンターナ Domenico Fontana の設計・建設。ローマ教皇の居館の跡地に、パラッツォ・ファルネーゼ〈p.V−14〉をモデルとして建てられた。サンジョヴァンニ・イン・ラテラーノ大聖堂と隣接し、他の四大聖堂や教皇庁尚書院などとともに、ヴァティカンに属している。

★イル・ジェズー聖堂、ラーツィオ州ローマ、1568〜84年。
Il Gesù, Roma.
●上／正面外観。下／中央扉口上部。右頁上／聖堂内部、建造当初の趣を残す後陣。
◆ヴィニョーラ Vignola が設計・着工し、ジャーコモ・デッラ・ポルタ Giacomo della Porta がファサードのデザインを変更して完成させた。ローマ・カトリック教会がプロテスタントに対抗しておこした、反宗教改革の先頭に立ったイエズス会のローマにおける主教会で、以後の反宗教改革派の建築モデルとなった。単廊式で、その両側に礼拝堂が並ぶというプランで、内部もファサード同様、簡素な造り。広い身廊はミサに使われる主祭壇がどこからでもよく見えて、多くの人が祈りに集中できるために考えられたもの。
〈p. V−15に平面図など〉
■身廊ヴォールトやクーポラ内部は、ほぼ100年後の17世紀後半に、バロック様式のフレスコ画で豪華に飾られた。サンティニャツィオ礼拝堂の祭壇は、ローマ一豪華なバロック様式といわれるほどである〈第VI巻〉。

★サンベルナルディーノ聖堂、アブルッツォ州ラークイラ、1454〜72年、ファサードは1540年。
San Bernardino, L'Aquila.
●下／正面外観。
◆コーラ・デッラマトゥリーチェ Cola dell'Amatrice が設計、建設した。横に長い長方形を三層に分け、下層には3つの扉口、中層・上層に丸窓を持つスタイルは、ラークイラを代表するロマネスク建築のサンタマリーア・ディ・コレマッジョ聖堂〈第Ⅱ巻〉にならったものと思われる。4対の円柱は下から、ドーリス式・イオニア式・コリント式と変化している。

北イタリアのマニエリスム

ローマ劫掠（ごうりゃく）（1527年）以後、建築家たちがローマを離れたことで、進んだローマの建築様式がイタリア各地に広まった。とくに北イタリアには、優秀なマニエリストの建築家たちがちらばり、各都市に新しい顔を誕生させることとなったのである。

ラファエッロの弟子だったジューリオ・ロマーノは、師の死後、マーントヴァに移り住み、領主ゴンザーガ家のお抱え建築家として活躍した。とくにパラッツォ・テは、建築においても、内部装飾においても、イタリア・マニエリスムを代表する傑作である。その後、ヴィチェンツァ、ヴェネーツィアで活躍したパッラーディオ〈p. V-52～77〉をはじめ、以後の建築家にも大きな影響を与えた。

ヴェローナではミケーレ・サンミケーリ、パードヴァではジョヴァンニ・ファルコネットが活躍し、それぞれの都市の城門やパラッツォを造っている。ヴェネーツィアでは、ヤーコポ・サンソヴィーノがサンマルコ広場の周囲に豪壮なパラッツォを建築して、現在に至るヴェネーツィアの象徴ともいうべき空間を整備した。

ジェーノヴァの新都市計画とでもいうべきガリバールディ通りを計画・整備したガレアッツォ・アレッシは、ミラーノにはパラッツォ・マリーノをのこしている。フィレンツェでは、ジョルジョ・ヴァザーリが透視図法をいかしたパラッツォ・デリ・ウッフィーツィを、またボーボリ庭園にはベルナールド・ブオンタレンティがいかにもマニエリスム的な大グロッタを造った。

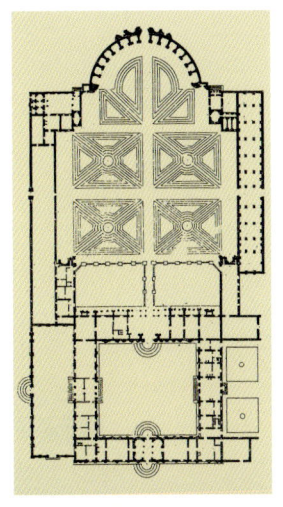

★パラッツォ・テ、ロンバルディーア州マーントヴァ、1525〜35年。
Palazzo Te, Mantova.
●左頁／正面入口。中庭を通してダヴィデの開廊・庭園奥の建物まで見通す。下左／中庭からダヴィデの開廊・庭園を見る。下右／ダヴィデの開廊内から庭園を見る。上右／グロテスクの間の天井装飾。上左／平面図。
◆〈p.V-29〉

ARCHITETTURA ITALIANA

★パラッツォ・テ、ロンバルディーア州マーントヴァ、1525〜35年。
Palazzo Te, Mantova.
●左頁上左／プシュケの間 Camera di Psiche。左頁上右／巨人の間 Camera dei Giganti。左頁下／庭園からダヴィデの開廊 Loggia di Davide を見る。左／ダヴィデの開廊内から中庭越しに入口を見る。下／入口の中庭に面したファサード。
◆ジューリオ・ロマーノ Giulio Romano が設計・建築、装飾も手掛けた。マニエリスムを代表する建築である。粗石積みに見えるが実は化粧漆喰（スタッコ stucco）仕上げで、一部の窓はだまし絵、アーチの要石も大きすぎるなど、ルネッサンス建築の規範からの逸脱がみられる。巨人の間などの大胆なフレスコ画も、マニエリスム美術の傑作と評価されている。
〈p. V-27〉

★パラッツォ・ドゥカーレの馬術の中庭、ロンバルディーア州マーントヴァ、1539年頃。
Palazzo Ducale, Cortile della Cavallerizza, Mantova.
●上・下／馬術の中庭。
◆ジューリオ・ロマーノ Giulio Romano の設計・建築。白いねじれた柱と、黄・赤・グレーに塗り分けられた壁の意匠が印象的。石造のように見えるが、パラッツォ・テ〈p.Ⅴ-26〜29〉と同様に化粧漆喰（スタッコ）仕上げで造られている。
■パラッツォ・ドゥカーレはマーントヴァ公ゴンザーガ家の居城で、13〜18世紀の複雑な建築群で構成されており、サンジョルジォ城〈第Ⅲ巻〉も含まれる。

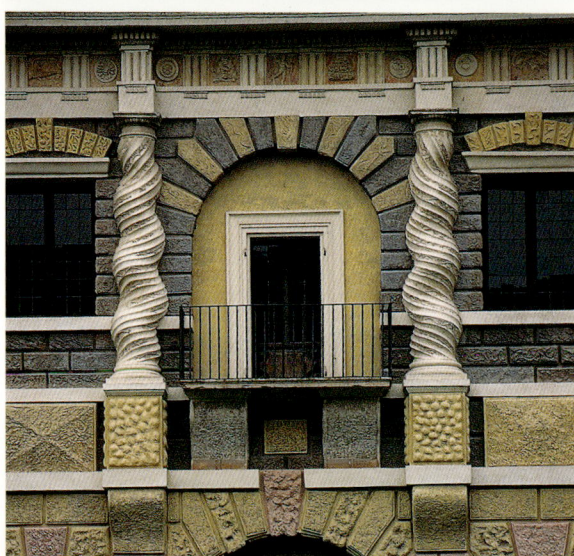

★ジューリオ・ロマーノ自邸、ロンバルディーア州マーントヴァ、1541年。
Casa di Giulio Romano, Mantova.
●右頁／正面入口。
◆ジューリオ・ロマーノ Giulio Romano の設計・建築。ロマーノは師ラファエッロ Raffaello の死後、マーントヴァに移り、ゴンザーガ家の庇護の下、その独特の才能を開花させた。
■マーントヴァはロンバルディーア州の東端で、ヴェーネト州ヴェローナの南35km、エミーリア・ロマーニャ州モーデナの北60kmに位置する。ロンバルディーア同盟に加盟するコムーネの時代から領主制に移り、14世紀から18世紀初めまでゴンザーガ家が領主となり、芸術家を庇護して美しい都市を造った。15世紀にはアルベールティが、ルネッサンスの傑作サンタンドゥレーア聖堂〈第Ⅳ巻〉を建築している。

18

★パラッツォ・ベヴィラックァ、ヴェーネト州ヴェローナ、1534年頃。
Palazzo Bevilacqua, Verona.
●上／正面上部。
◆ミケーレ・サンミケーリ Michele Sanmicheli が設計したパラッツォの中で最高のものと評価されている。1階と2階とでは柱と壁の表面仕上げや形状、柱間のアーチのデザインが大きく違い、ルネッサンスの規範からはずれるのだが、そのことが新たなリズムを生んでいる。
■同じカヴール大通りにサンミケーリ設計のパラッツォ・カノッサ〈p. V-34〉も建っている。

ARCHITETTURA MANIERISMO

★ポルタ・デル・パーリオ、ヴェーネト州ヴェローナ、1555年以降。
Porta del Palio, Verona.
●上／市内に向いた正面。下／街の外に向いた正面。
◆サンミケーリ Sanmicheli の設計。サンミケーリはヴェネーツィア共和国の軍事建築家で、当時ヴェネーツィアの統治下にあったヴェローナの要塞化にも携わった。この門はその中のひとつ。
■ヴェローナはローマ時代の円形闘技場〈第Ⅰ巻〉も残る歴史ある都市で、ロンバルディーア・ロマネスクのサンゼーノ・マッジョーレ聖堂〈第Ⅲ巻〉、ルネッサンスのロッジア・デル・コンシーリオ〈第Ⅳ巻〉などもよく知られている。

★パラッツォ・カノッサ、ヴェーネト州ヴェローナ、1537年。
Palazzo Canossa, Verona.
●上／正面外観。
◆サンミケーリ Sanmicheli の設計。
〈p.Ⅴ-32〉

★ロッジァ・コルナーロ、ヴェーネト州パードヴァ、1524年。
Loggia Cornaro, Padova.
●上／正面外観。
◆ジョヴァンニ・マリーア・ファルコネット Giovanni Maria Falconetto が、人文主義者アルヴィーゼ・コルナーロのために設計した。1階はドーリス式円柱と5連アーチの開廊（ロッジァ）で、2階には3体の彫像が設置されている。

★モンテ・ディ・ピエター（公営質屋）、ヴェーネト州パードヴァ、1531～35年。
Palazzo del Monte di Pietà, Padova.
●上／正面外観。
◆中世からある建物の正面上部をファルコネット Falconetto が設計した。

★ロッジェッタ（小開廊）、ヴェーネト州ヴェネーツィア、1537～49年。
Loggetta, Venezia.
●上／正面外観。
◆ヤーコポ・サンソヴィーノ Jacopo Sansovino の設計で、サンマルコ広場の鐘塔の足下を飾る小開廊。
〈p.Ⅴ-36、p.Ⅴ-38〉

★パラッツォ・デッラ・ゼッカ（造幣局）とリブレリーア・サンソヴィニアーナ（サンソヴィーノ図書館、またはサンマルコ図書館）、ヴェーネト州ヴェネーツィア、造幣局：1537〜49年、図書館：1537〜64年。
Palazzo della Zecca e Libreria Sansoviniana, Venezia.
●左／南面外観。左がゼッカで、右がリブレリーア。右頁上／リブレリーアの正面（東面）外観。右端にロッジェッタの一部が見える。
◆ふたつともヤーコポ・サンソヴィーノ Jacopo Sansovino の設計。パラッツォ・デッラ・ゼッカは国家の貨幣鋳造所らしく、質実剛健なデザイン。一方、サンマルコ小広場をはさんでパラッツォ・ドゥカーレ〈第Ⅲ巻〉と向き合う、リブレリーア・サンソヴィニアーナは、開放的な雰囲気が漂う。随所にほどこされた彫刻装飾が、図書館という文化的建築物にふさわしく、彫刻家として出発したサンソヴィーノの面目躍如といったところ。リブレリーアは彼の死後に、ヴィンチェンツォ・スカモッツィ Vincenzo Scamozzi の手で完成した。

★サンマルコ広場、ヴェーネト州ヴェネーツィア。
Piazza San Marco.
●右頁下／夜のサンマルコ広場。左が旧行政館 Procuratie Vecchie、中央がサンマルコ大聖堂 Basilica di San Marco と鐘塔 Campanile、右が新行政館 Procuratie Nuove。
◆旧行政館は12世紀の建設で、1532年にサンソヴィーノが改築に携わった。新行政館はスカモッツィがサンソヴィーノ図書館のモチーフを取り入れて設計（1582年）、1640年にバルダサッレ・ロンゲーナ Baldassarre Longhena が完成させた。

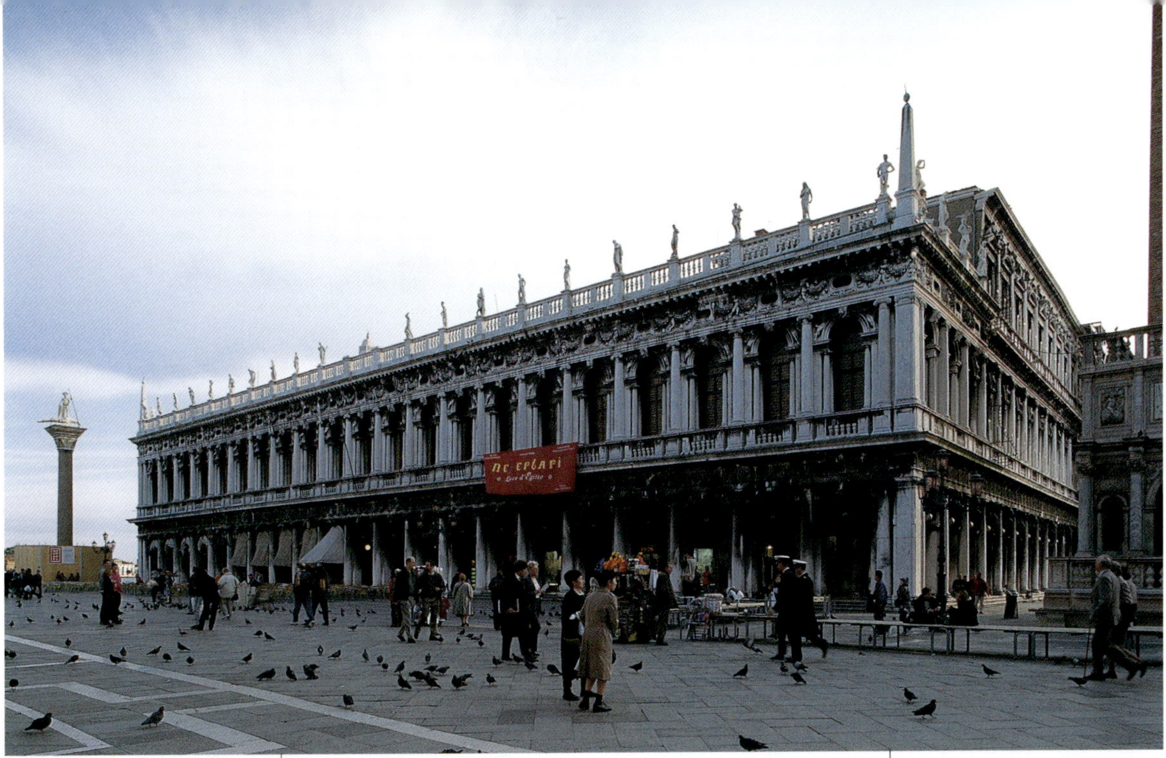

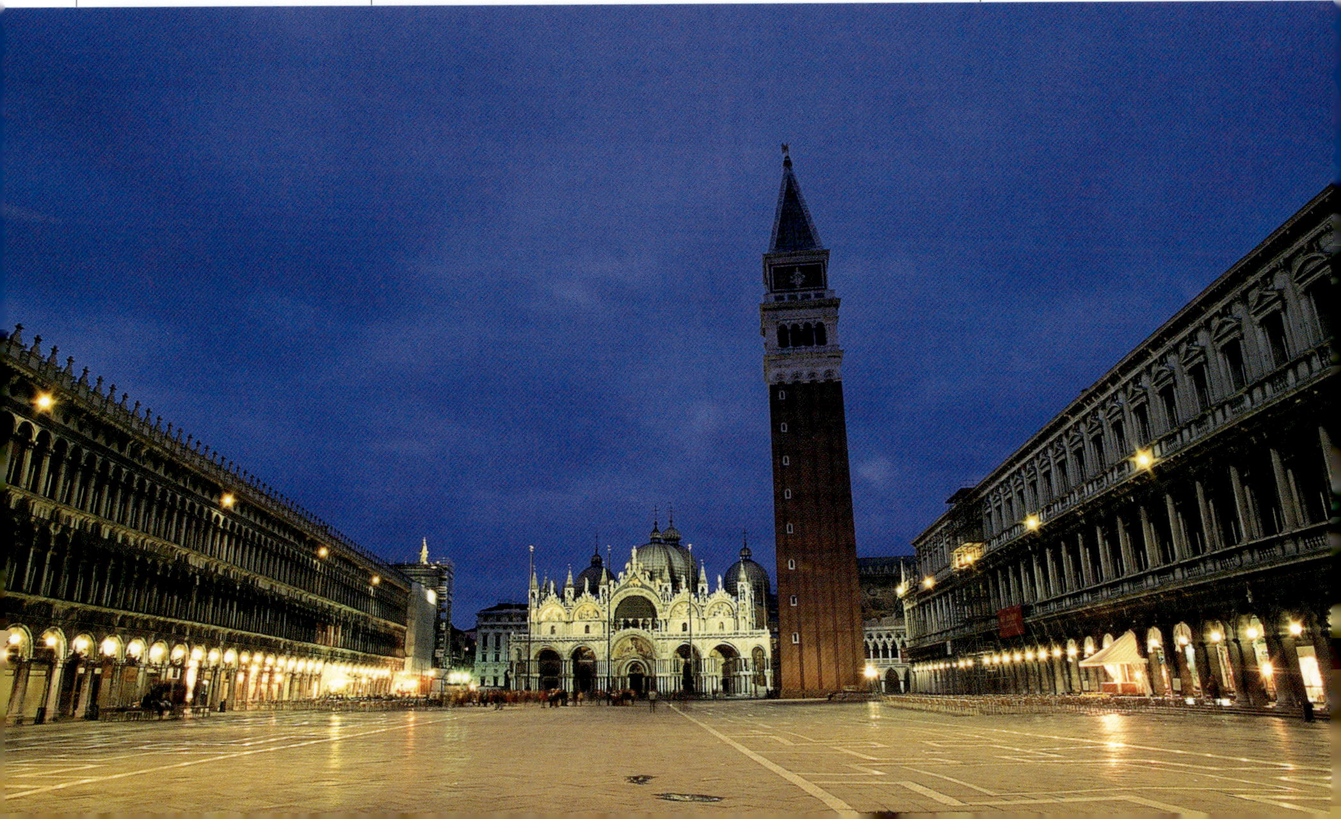

★サンマルコ広場、ヴェネーツィア。
Palazzo San Marco, Venezia.
●上／サンマルコ大聖堂前から西をのぞむ。カナレット原画。
◆左端にサンソヴィーノのロジェッタ。左手の建物が新行政館、右手は旧行政館。中央の教会はサンソヴィーノ設計のサンジミニャーノ聖堂だが、19世紀初めナポレオンによって破壊された。
〈p. V-36〉

★リブレリーア・サンソヴィニアーナ、ヴェネーツィア。
Libreria Sansoviniana, Venezia.
●下／左からゼッカ、リブレリーア・サンソヴィニアーナ、サンマルコ小広場、パラッツォ・ドゥカーレ。カナレット原画(部分)。右頁上左／リブレリーア・サンソヴィニアーナ。
◆〈p. V-36〉

ARCHITETTURA MANIERISMO

★サンタマリーア・アスーンタ・イン・カリニャーノ聖堂、リグーリア州ジェーノヴァ、1549～52年。
Santa Maria Assunta in Cariganano, Genova.
●上右／正面図。
◆〈p. V-42〉

★パラッツォ・トゥールシ、リグーリア州ジェーノヴァ、1564～79年。
Palazzo Tursi, Genova.
●下／正面図。
◆〈p. V-40〉

V-39

★ガリバールディ通り、リグーリア州ジェーノヴァ、1558年〜。
Via Garibaldi, Genova.
●上／奥パラッツォ・トゥールシ Palazzo Tursi、手前パラッツォ・ポデスター palazzo Podestà。
◆ガレアッツォ・アレッシ Galeazzo Alessi が手掛けた、ジェーノヴァの新都市計画。当時は、ストゥラーダ・ヌオーヴォ Strada Nuovo（新大通り）とよばれた。幅7〜8m、全長200mほどの通りに貴族たちのパラッツォが建ち並び、ジェーノヴァの新しい都市空間を形成した。

★パラッツォ・トゥールシ、リグーリア州ジェーノヴァ、1564〜79年。
Palazzo Tursi, Genova.
●左／正面外観。右頁上／中庭奥の階段室と時計塔のある建物。右頁左下／玄関ホールの階段室。
◆ポンツェッロ Ponzello 兄弟が設計。玄関ホールの階段室から中庭・時計塔の建物へとつながる空間構成は、後のパラッツォ・デルニヴェールシタ〈第Ⅵ巻〉にも影響を与えたと思われる。現在はジェーノヴァ市庁舎。
〈p.Ⅴ-39に正面図〉

★パラッツォ・ポデスター（執政長官邸）、リグーリア州ジェーノヴァ、1563〜66年。
Palazzo Podestà, Genova.
●右中／中庭奥のグロッタ。
◆ジャンバッティースタ・カステッロ Giambattista Castello 設計。ファサードの浮彫りにもマニエリスム的装飾が見られる。

★パラッツォ・ドーリア、ジェーノヴァ、1563〜67年。
Palazzo Doria, Genova.
●右下／柱廊のある中庭。
◆カステッロ Castello の設計。

★サンタマリーア・アスーンタ・イン・カリニャーノ聖堂、リグーリア州ジェーノヴァ、1549〜17世紀初め。
Santa Maria Assunta in Cariganano, Genova.
● 上／正面外観。下左／中央扉口上部。下右／平面図。
◆ ガレアッツォ・アレッシ Galeazzo Alessi が設計・着工したが、完成は死後数十年経ってから。ギリシア十字を内包するほぼ正方形のプランは、ブラマンテやミケランジェロのサンピエートゥロ大聖堂計画案との類似が指摘される。中央に大クーポラ、4つの小クーポラと4つの塔（手前の2つのみ実現）を持つ。
〈p. V-39に正面図〉

★ヴィッラ・カンビアーゾ、リグーリア州ジェーノヴァ、1548年。
Vill Cambiaso, Genova.
● 下左／正面外観。
◆ ガレアッツォ・アレッシ Galeazzo Alessi の設計。ジェーノヴァの旧市街から離れた丘の上に建つ。当時はここからの海の眺めがすばらしかったことだろう。

★パラッツォ・マリーノ、ロンバルディーア州ミラーノ、1553年〜。
Palazzo Marino, Milano.
●上／中庭。下／正面外観。右頁左／正面部分。
◆ガレアッツォ・アレッシ Galeazzo Alessi が設計・建築。各階ごとに柱や窓のデザインが変えられ、1階はドーリス式半円柱、2階はイオニア式角柱付柱、3階はコリント式ではなく、女性の頭部を持つ人物柱が用いられている。中庭に面した壁面には人物像やライオンの頭部・花綱飾りなどの浮彫りがなされ、屈指の美しさを誇る。
■19世紀半ば以降、ミラーノ市庁舎として使用されている。

★サンフェデーレ聖堂、ロンバルディーア州ミラーノ、1569～1835年。
San Federe, Milano.
●右上／正面扉口上部。右下／聖堂内部。
◆設計はペッレグリーノ・ティバールディ（通称ペッレグリーニ）Pellegrino Tibaldi detto Pellegrini で、パラッツォ・マリーノの右手に建っている。花綱飾りなどの装飾は、ミケランジェロの影響を受けたマニエリスムの特徴。内部のコリント式円柱や付柱を採用した構成にも、サンタマリーア・デリ・アンジェリ聖堂〈p. V-09〉などからの影響が感じられる。

★ヴァザーリの家、トスカーナ州アレッツォ、1540〜48年。
Casa Vasari, Arezzo.
● 上／暖炉の間 Sala del Camino。
◆ ジョルジョ・ヴァザーリ Giorgio Vasari 設計の自邸で、典型的なマニエリスムの邸宅。内装もヴァザーリが手掛け、壁面・天井のフレスコ画も自ら描いている。

★パラッツォ・ヴェッキオ、トスカーナ州フィレンツェ、1299年〜。
Palazzo Vecchio, Firenze.
● 右頁下／中庭の装飾。
◆ ゴシック期の建築〈第Ⅲ巻〉で、内部は15世紀にルネッサンス様式に改装されたのち、ヴァザーリ Giorgio Vasari が1560年頃から大改造をおこなった。中庭の装飾にはマニエリスムの香りが漂う。

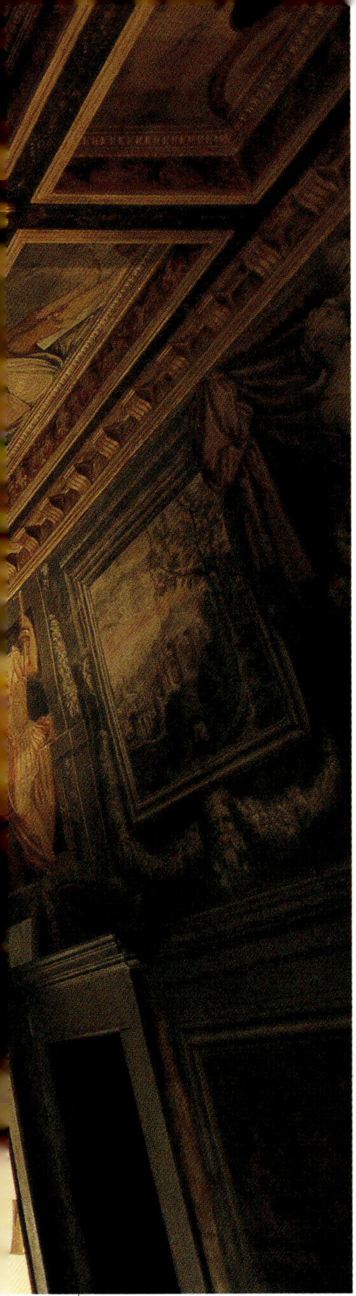
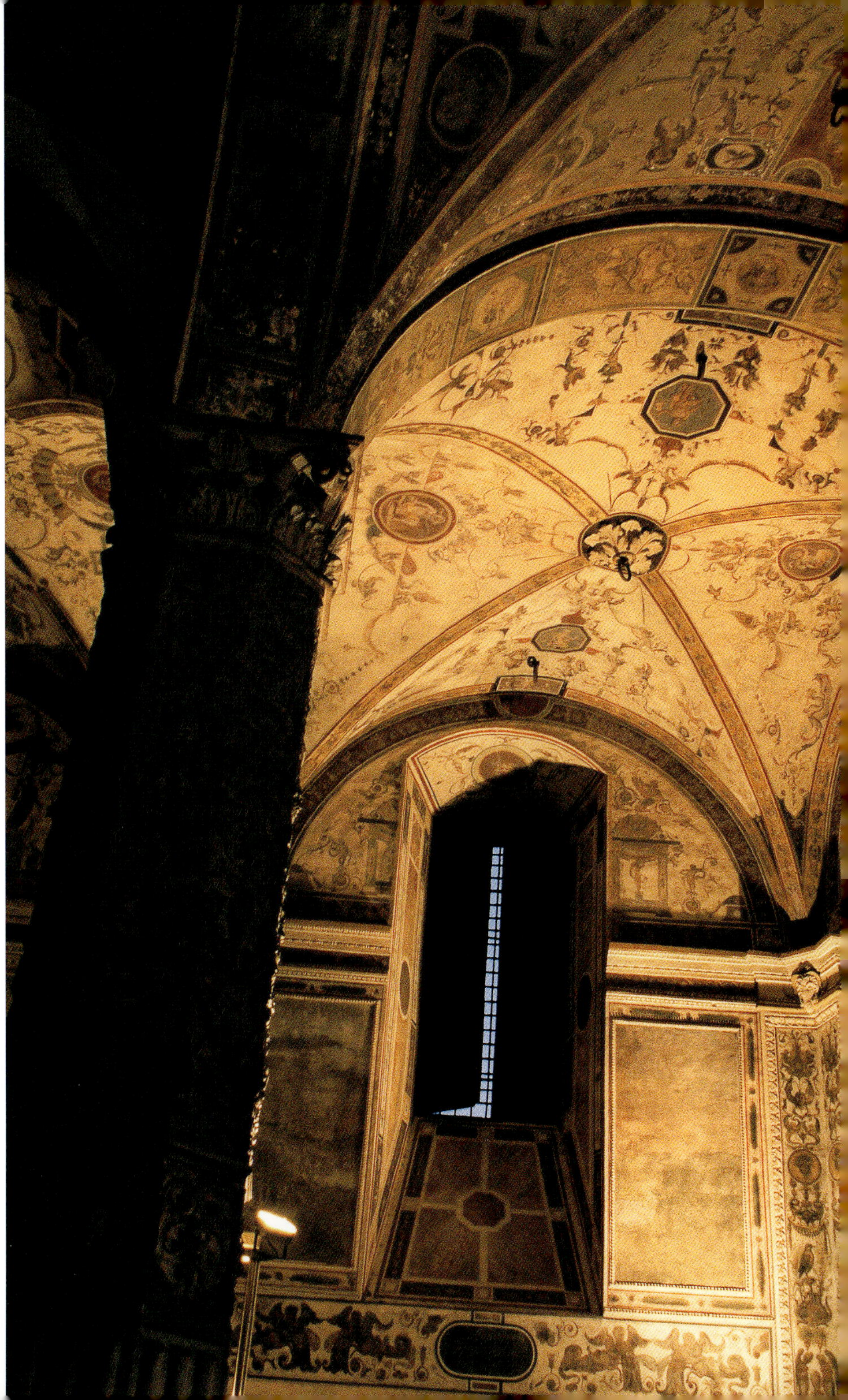

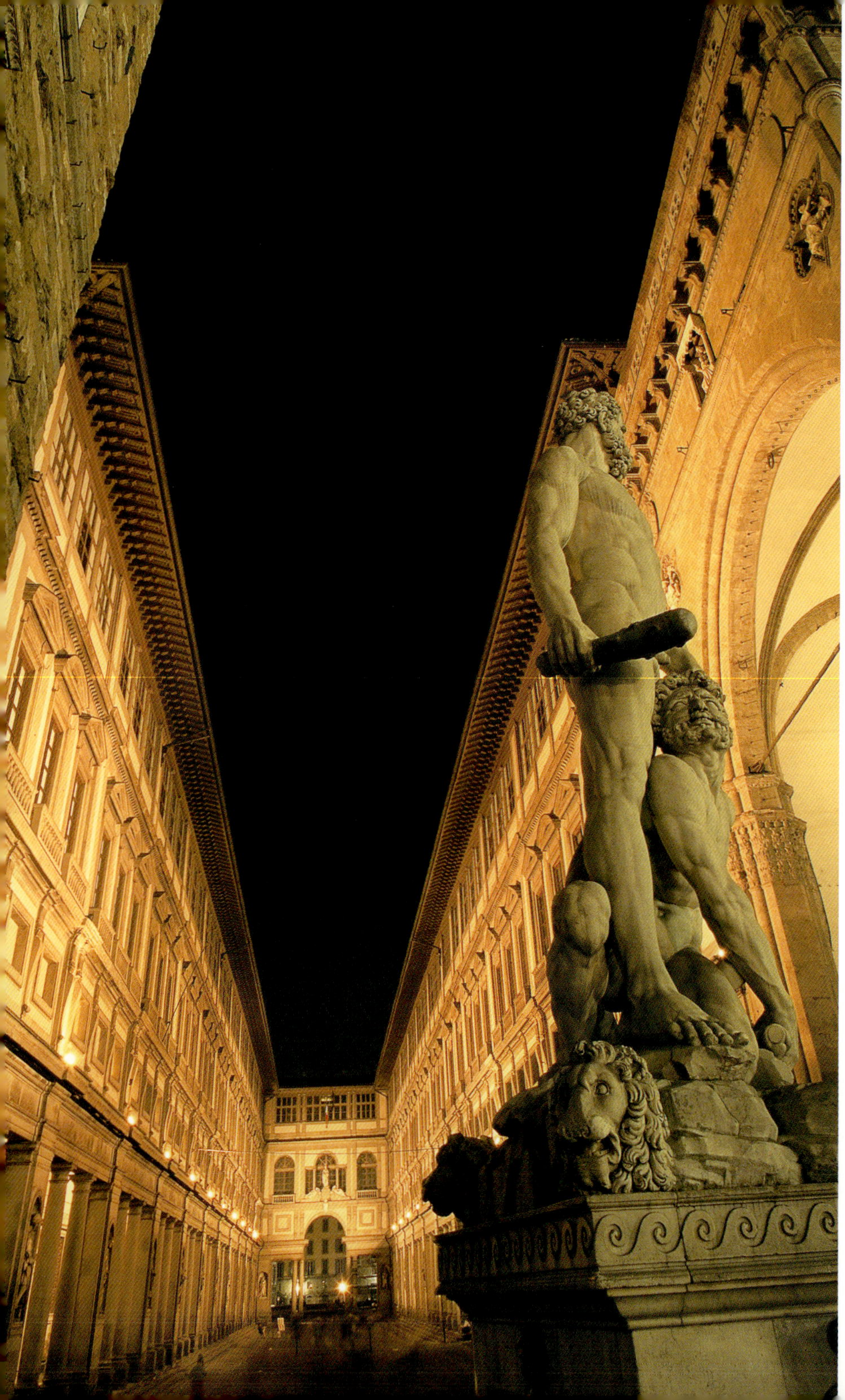

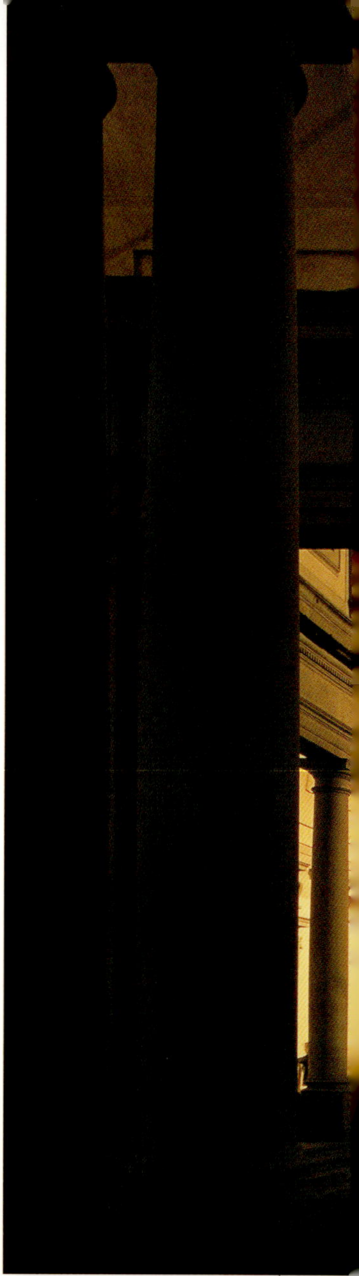

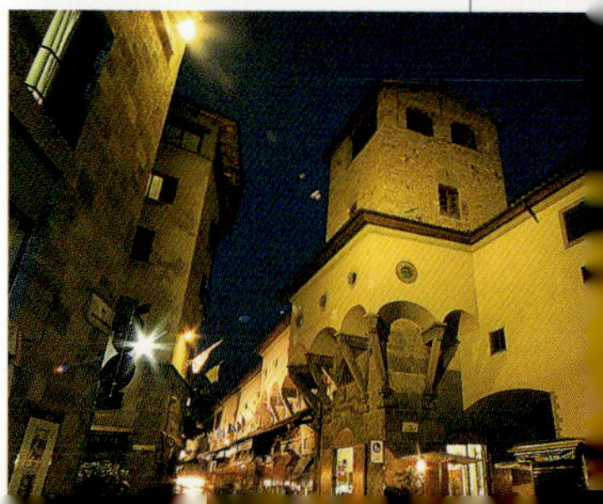

★ヴァザーリの回廊、トスカーナ州フィレンツェ、1565年。
Corridorio Vasariano, Firenze.
●左／ポンテ・ヴェッキオ（アルノ川左岸）付近。
◆パラッツォ・ヴェッキオとパラッツォ・ピッティを、アルノ川を越えて結ぶ長大な屋根付廊下。ヴァザーリ Giorgio Vasari がわずか5か月で完成させた。アルノ川左岸では建物を避け、曲がりながら造られている。

★パラッツォ・デリ・ウッフィーツィ、フィレンツェ、1560～80年。
Palazzo degli Uffizi, Firenze.
●左頁／シニョリーア広場から南をのぞむ。上／アルノ河岸から北をのぞむ。中央奥はパラッツォ・ヴェッキオとアルノルフォの塔。
◆ヴァザーリ Giorgio Vasari が、トスカーナ公国の中央官庁庁舎として設計・建築した。幅約20m 全長約200mの中庭のような広場（街路）を挟み、その両側に展開する細長い建物で、透視画法的効果が見事。

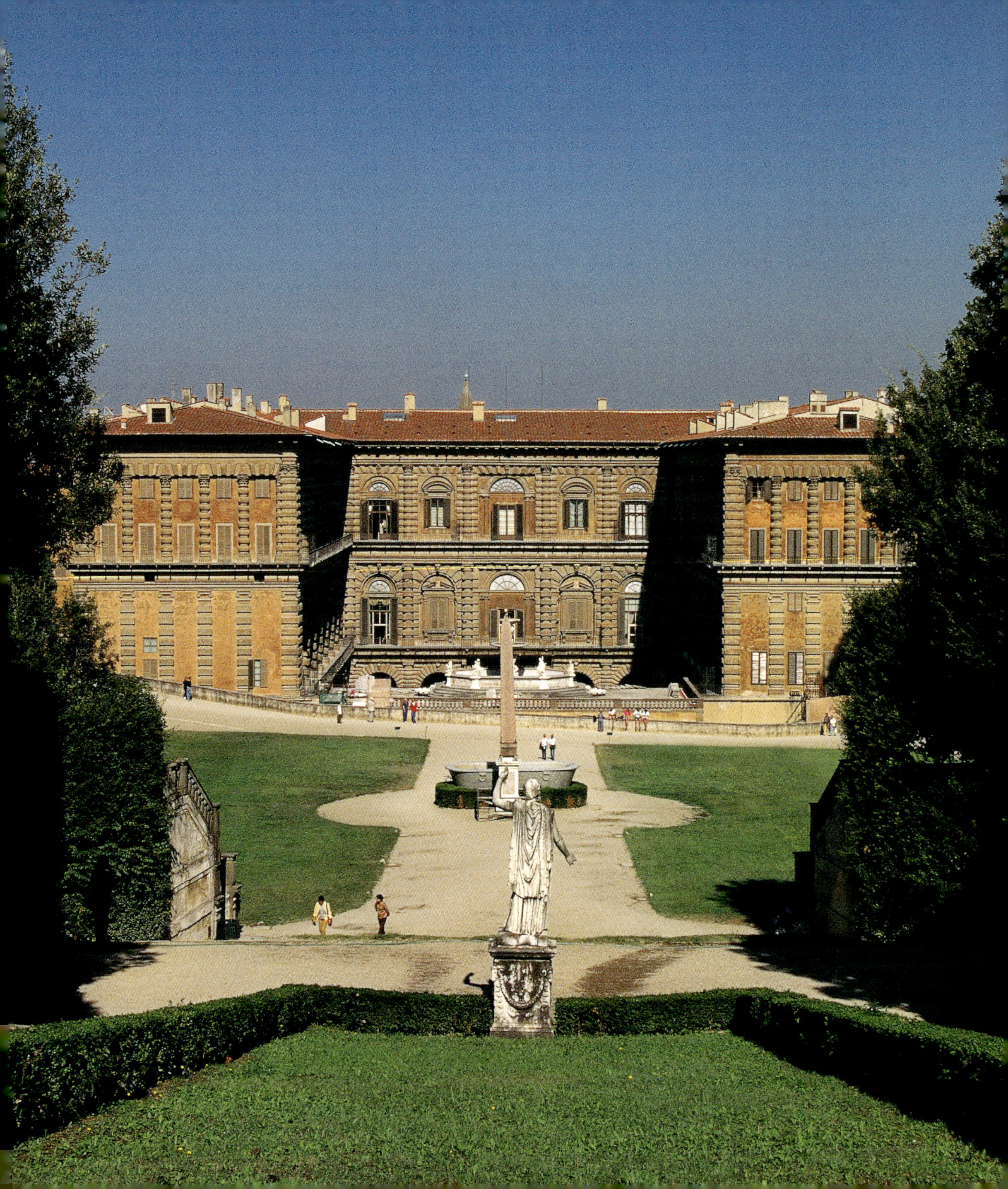

★パラッツォ・ピッティ中庭、トスカーナ州フィレンツェ、1558年〜。
Palazzo Pitti, Cortile, Firenze.
●左頁／ボーボリ庭園から中庭をのぞむ。下左・下右／中庭に面した外観。
◆パラッツォ・ピッティの建設着工は1458年のことだが、設計者は確定していない（ブルッネレスキ説もある）。1550年頃から裏手（南東側）の丘の斜面を利用した庭園の整備が始まり、バルトローメオ・アンマンナーティ Bartolomeo Ammannati が庭園に面したコの字形の中庭を設計した。粗面仕上げの堅固な石造建築は、サンソヴィーノのゼッカ〈p.V-36〉にも通じるものが感じられる。

★ボーボリ庭園の大グロッタ、トスカーナ州フィレンツェ、1588年。
Grotta Grande, Giardino Boboli, Firenze.
●上／正面外観上部。
◆パラッツォ・ピッティからベルヴェデーレ要塞へ広がるボーボリの丘に庭園造成が始まったのは、1550年のことで、18〜19世紀にかけて増改築が続けられ、総面積は45,000m²にも及ぶ。大グロッタは、ベルナールド・ブオンタレーンティ Bernardo Buontalenti の設計で、ファサードの鍾乳石状の装飾も彼の手になる。
■グロッタ Grotta とは洞窟の意で、マニエリスム〜バロックのイタリア庭園には欠かせないものとなっている。自然の森の中の洞窟のように造られるもの〈第Ⅵ巻〉から、グロッタ風の噴泉をニッチに配するもの〈p.V-41〉などもある。

パッラーディオの建築

　石工から出発した、アンドゥレーア・パッラーディオ Andrea Palladio（1508〜80）は、1540年頃からヴィチェンツァとその周辺にパラッツォやヴィラを建築し始めた。何度もローマに赴いて古代ローマやブラマンテらの古典様式を研究し、パラッツォ・デッラ・ラジォーネの改修で、その成果を広く世に知らしめるに至った。

　パラッツォ palazzo（都市邸宅）の仕事には、ブラマンテ、ミケランジェロ、ロマーノなどの影響が見られるが、盛期ルネッサンス的古典主義でもマニエリスムでもない、荘厳ななかに華麗な装飾を織り込むパッラーディオならではの様式美は、今もヴィチェンツァの街を美しく際立たせている。

　パッラーディオの建築美学をもっとも顕著に見せるものは、ヴィッラ villa（田園住宅）である。ヴィッラは富裕層が都市生活を離れて余暇を過ごす精神的な場であるとともに、荘園を管理する農家としての現実的機能も必要とされた。パッラーディオはこのふたつの条件を満たす古典様式の建物を、20以上も設計した。

　また、晩年には古代神殿を引用した正面をもつ教会をヴェネーツィアにのこしている。

　1570年にパッラーディオは『建築四書』（古代建築の研究や自作の建築を図解したもの）を著した。18世紀以降ヨーロッパではイタリアへの旅行ブームが起き、『建築四書』の翻訳出版ともあいまって、パッラーディアニズム（パッラーディオ主義）などの言葉も生まれるなど、とくにイギリスの貴族たちの間でパッラーディオ様式のヴィラ建築が流行した。パッラーディオはヨーロッパにおいても特別な建築家としての地位を確立したのである。

★ヴィッラ・バールバロ、ヴェーネト州トゥレヴィーゾ県マゼール、1560年頃。
Villa Barbaro, Maser in provincia di Treviso.

● 左頁／ニンフェウム。上／正面外観全景。下／正面中央部分。
◆ パッラーディオ Palladio が設計し、ヴェロネーゼ Veronese が室内装飾を担当した。農場を管理する荘館としての機能と、貴族の楽しみの場である別荘としての風情を合わせ持つ。ファサードは左右対称で、前方に突き出た中央本館はイオニア式の神殿風、両翼は鳩小屋と馬小屋で正面には日時計が付いている。裏庭にはグロッタを持つニンフェウムが配され、この泉の水がヴィッラに供給されている。
〈p. V-59に平面図など〉

★ヴィッラ・カルドーニョ、ヴェーネト州ヴィチェンツァ県カルドーニョ、1545年頃。
Villa Caldogno, Caldogno in provincia di Vicenza.
●左上／正面外観。左下／室内。
◆パッラーディオ Palladio の設計。パッラーディオのヴィッラとしては初期のもので、完成度が高いとはいいがたいが、内部はだまし絵のフレスコ画が効果的で、シンプルな空間を生き生きとさせている〈前見返し〉。
〈p. V−59に正面図〉

★ヴィッラ・フォースカリ、通称ラ・マルコンテータ、ヴェーネト州ヴェネーツィア県ミーラ市近郊、1559〜60年。
Villa Foscari, "La Malcontenta", presso Mira in provincia di Venezia.
●左頁／正面のイオニア式円柱。上／正面外観。下／庭園側正面外観。
◆パッラーディオ Palladio の設計。ブレンタ川に面したファサードは荘厳な古代神殿風で、よそゆきの顔。反対側の庭園に面したファサードは田園の荘館風で、気さくでかろやかな趣がある。
〈p. V-59に平面図など〉

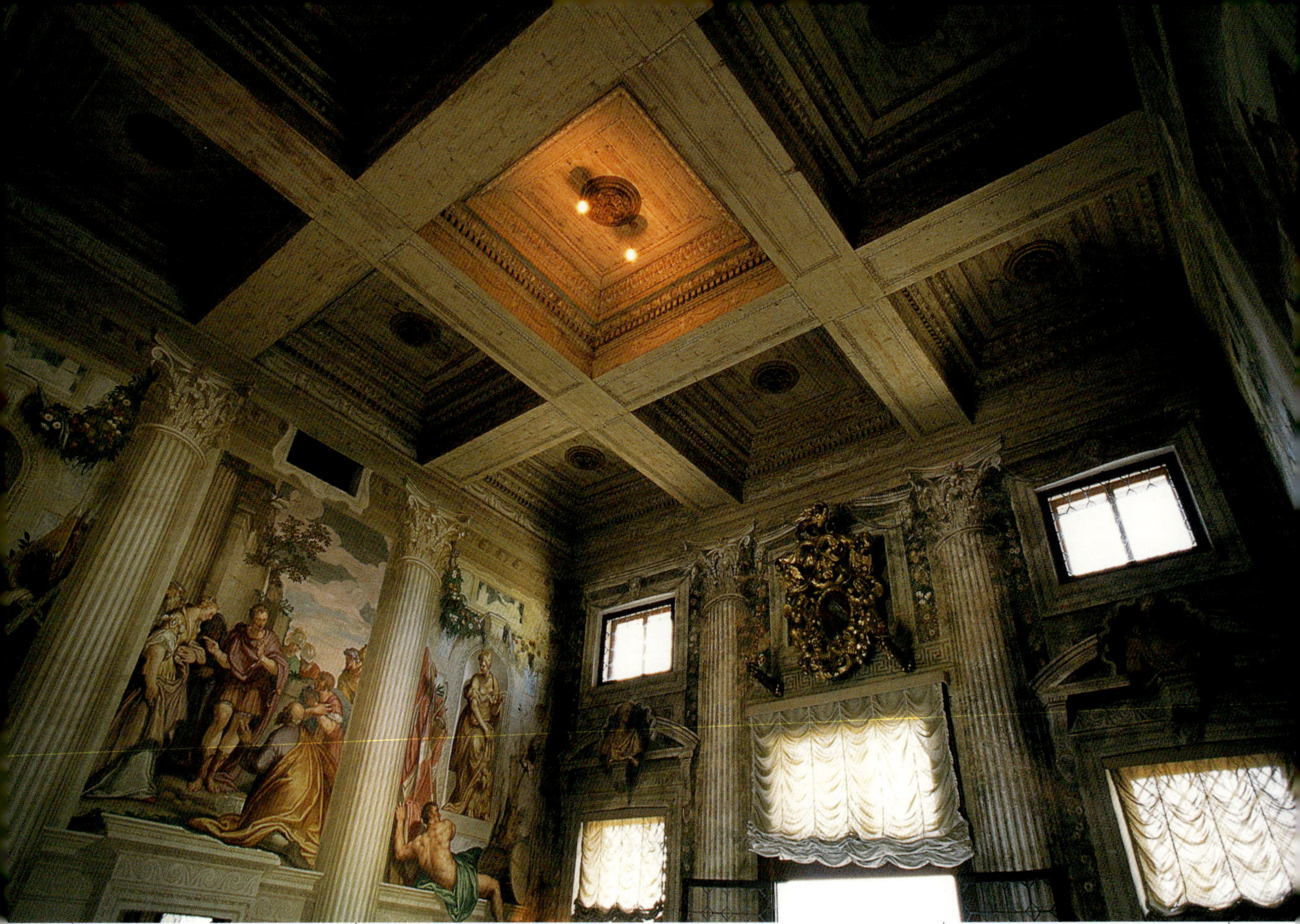

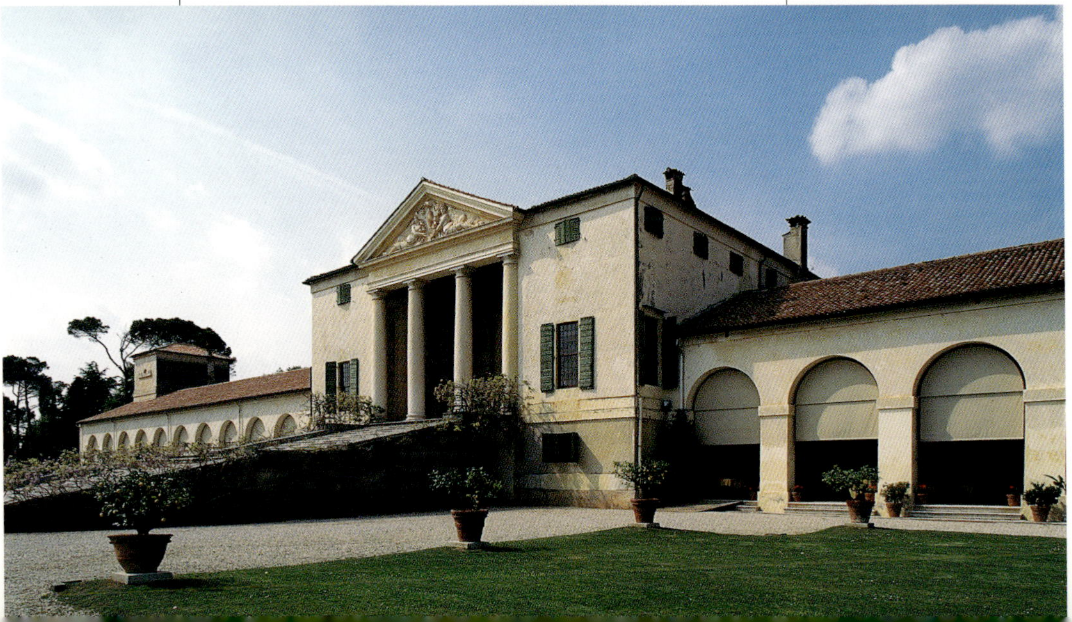

★ヴィッラ・エーモ、ヴェーネト州トゥレヴィーゾ県ファンゾーロ・ディ・ヴェデラーゴ、1555〜65年。
Villa Emo, Fanzolo di Vedelago in provincia di Treviso.
●左頁上・下／内部。左頁下／外観。上／正面部分。
◆パッラーディオ Palladio の設計。正面中央は古代神殿風で、横に長く左右対称であるところなど、ヴィッラ・バールバロとの類似が指摘されている。内部装飾はゼロッティ Zelotti が担当し、ヴェロネーゼ Veronese が手を加えたといわれている。

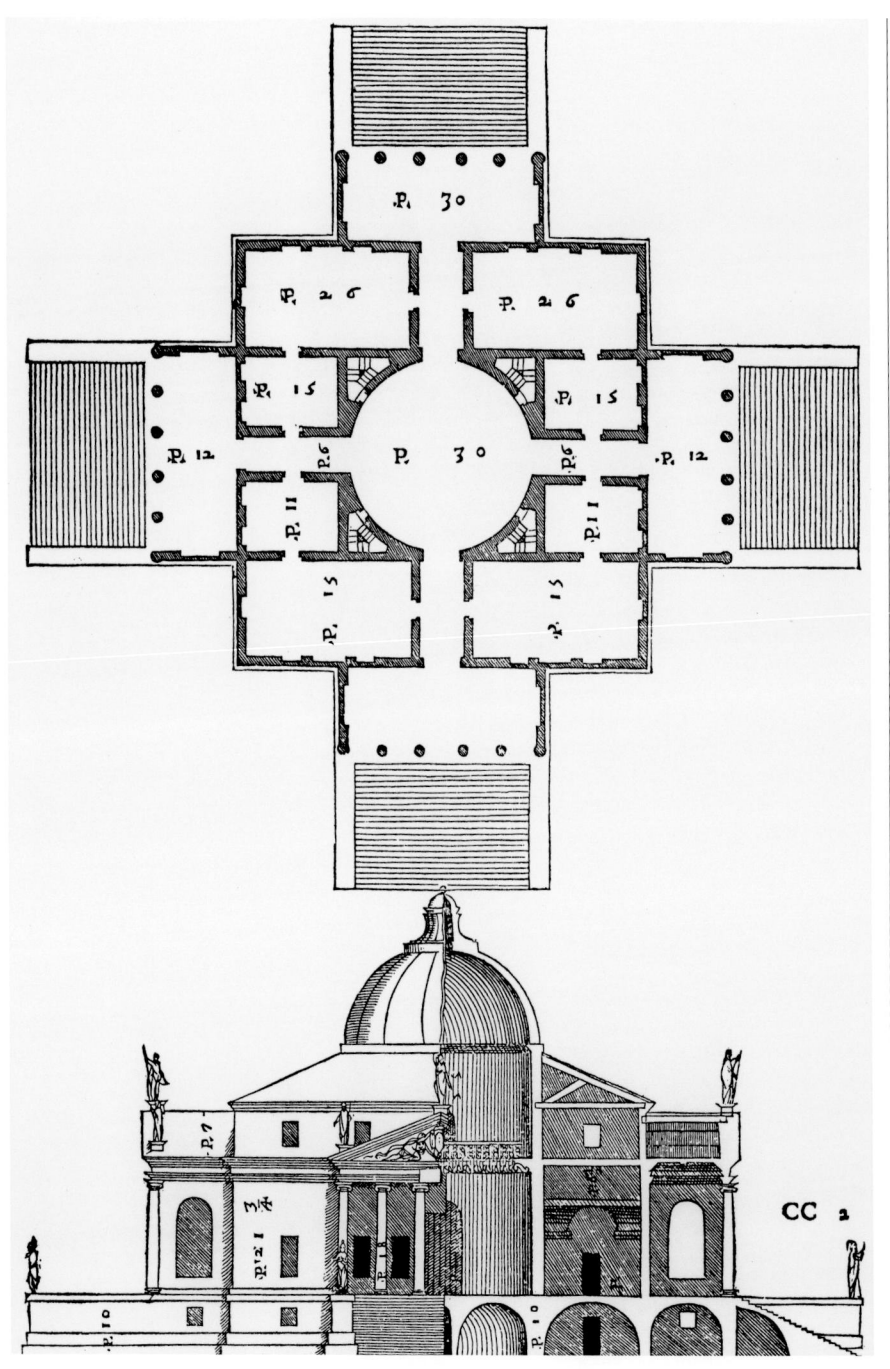

▼パッラーディオのヴィッラ
★ラ・ロトーンダ、ヴィチェンツァ近郊。
La Rotonda, presso Vicenza.
●左／平面図、正面図・断面図。
◆〈p.V-60〜61〉

★ヴィッラ・エーモ、ファンゾーロ・ディ・ヴェデラーゴ。
Villa Emo, Fanzolo di Vedelago.
●左頁上／平面図、正面図。
◆〈p.V-57〉

★ヴィッラ・バールバロ、マゼール。
Villa Barbaro, Maser.
●左頁左下／平面図、正面図。
◆〈p.V-53〉

★ヴィッラ・フォースカリ、ヴェネーツィア近郊。
Villa Foscari, Mira presso Venezia.
●左頁右中／平面図、正面図。
◆〈p.V-55〉

★ヴィッラ・カルドーニョ、ヴィチェンツァ近郊。
Villa Caldogno, Caldogno presso Vicenza.
●左頁右下／正面図。
◆〈p.V-54〉

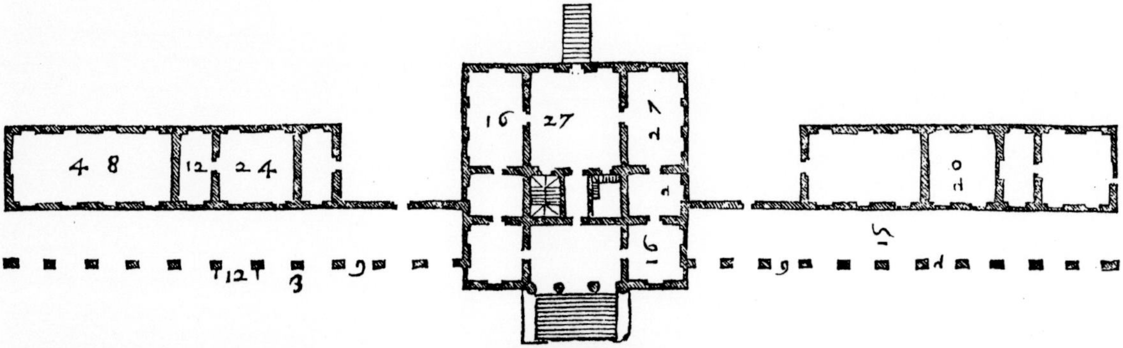
4 8
12
2 4
16
27
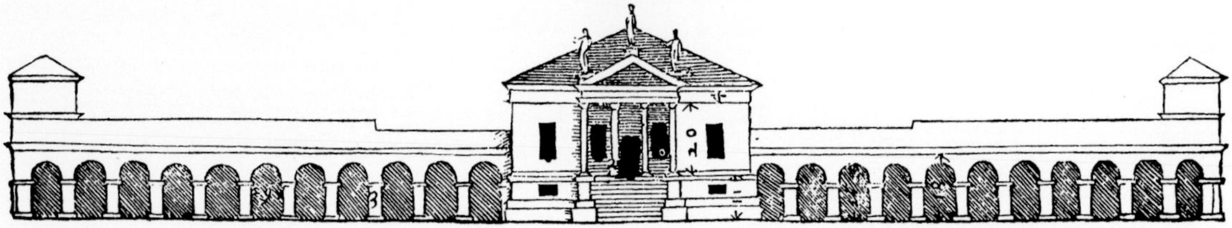
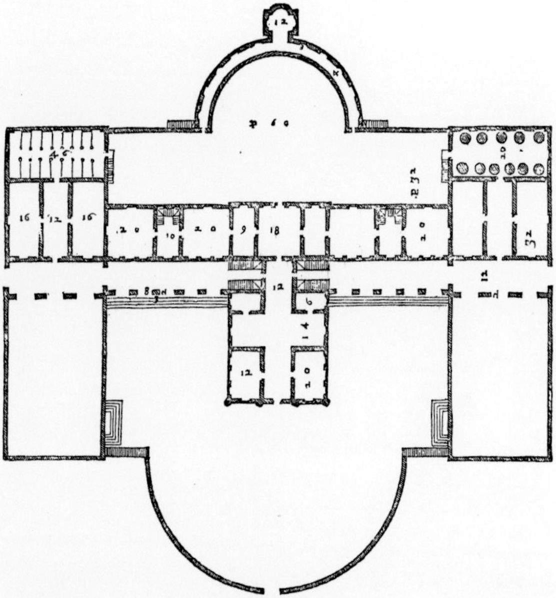
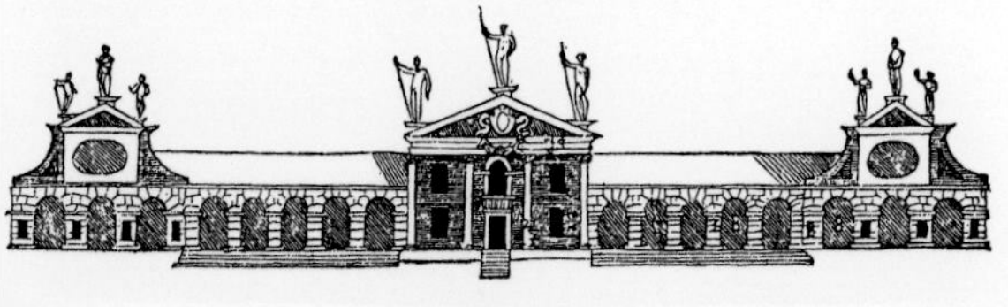
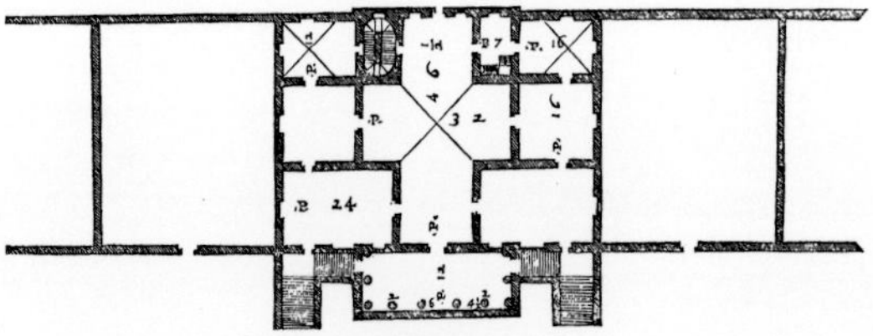
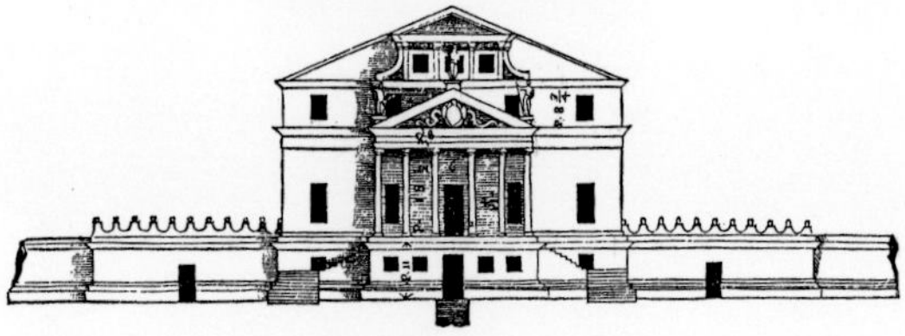
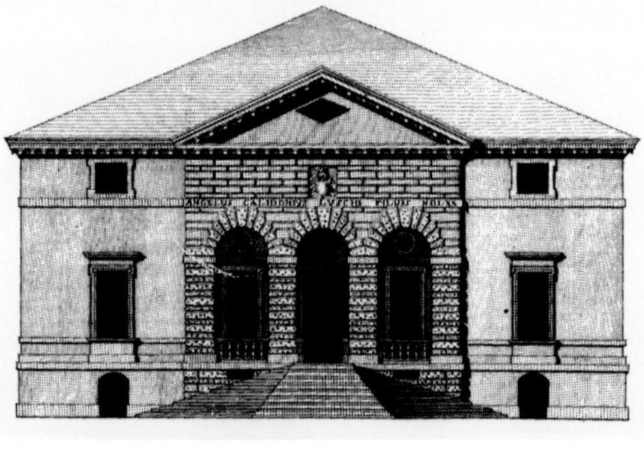

★ラ・ロトーンダ（ヴィッラ・カプラ・アルメリーコ）、ヴェーネト州ヴィチェンツァ近郊、1566～1606年頃。
La Rotonda (Villa Capra-Almerico), presso Vicenza.

●上／南東正面。下／南から。右頁上／北西正面上部。右頁下／北西正面へのアプローチ。

◆パッラーディオ Palladio のヴィッラのなかで、もっとも有名なもの。四角形の集中式プランで、建物の幅や高さなどは整数比例で割り出されているが、深みのある建築で、初期ルネッサンスに見られる模型を大きくしたかのような味気なさは感じられない。
〈表紙。p.V-58に平面図など〉

■ラ・ロトーンダはヴィチェンツァの中心部から南へ約4kmの丘の上に建っている。四方にほぼ同デザインのファサードを持ち、北西が入口となっているが、南側の麓の道路から見上げる眺めが美しい。ラ・ロトーンダの名は、中央にクーポラを戴く円形 rotondo の部屋があることからきている。パッラーディオの死後、ヴィンチェンツォ・スカモッツィ Vincenzo Scamozzi が完成させた。

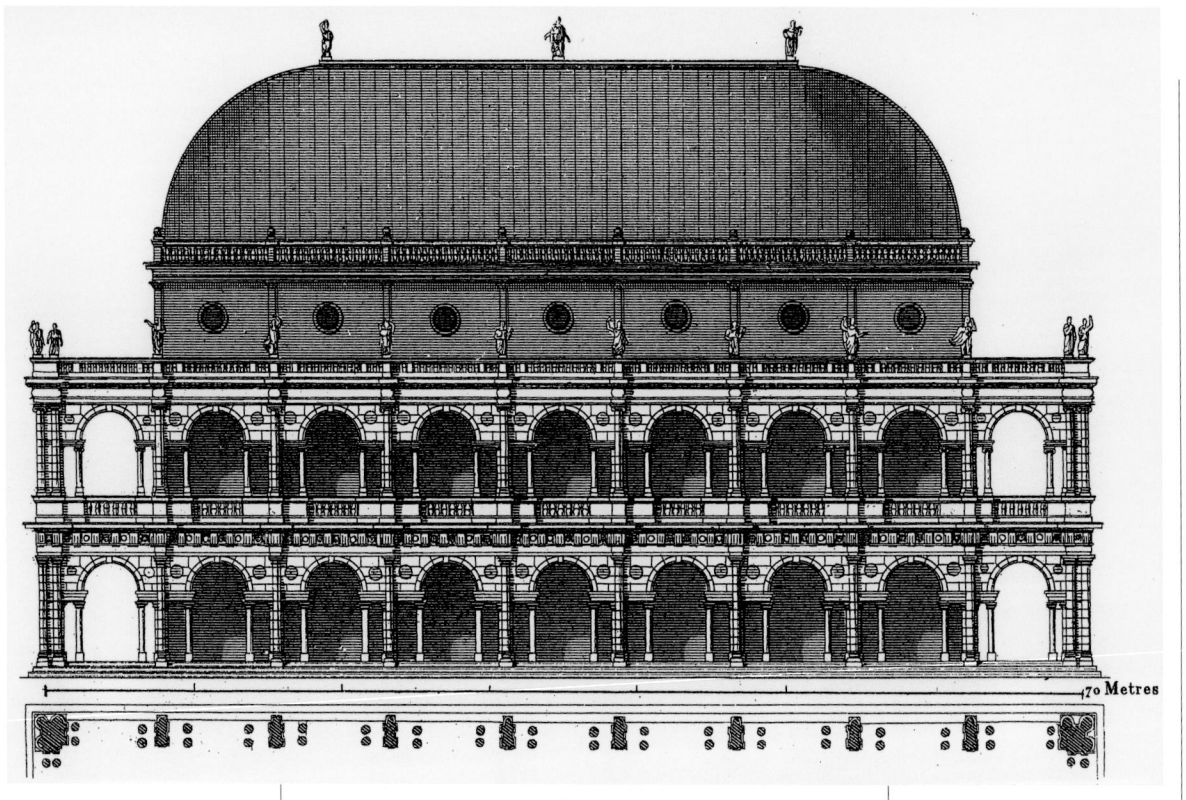

▼パッラーディオのパラッツォ
★パラッツォ・デッラ・ラジォーネ、ヴィチェンツァ。
Palazzo della Ragione, Vicenza.
●上／正面図。
◆〈p. V-64〉

★パラッツォ・イゼッポ・ポルト、ヴィチェンツァ。
Palazzo Iseppo Porto, Vicenza.
●下左／正面部分図。右頁左上／平面図・正面図。
◆〈p. V-67〉

★パラッツォ・バルバラーノ、ヴィチェンツァ。
Palazzo Barbarano, Vicenza.
●下右／正面部分図。
◆〈p. V-68〉

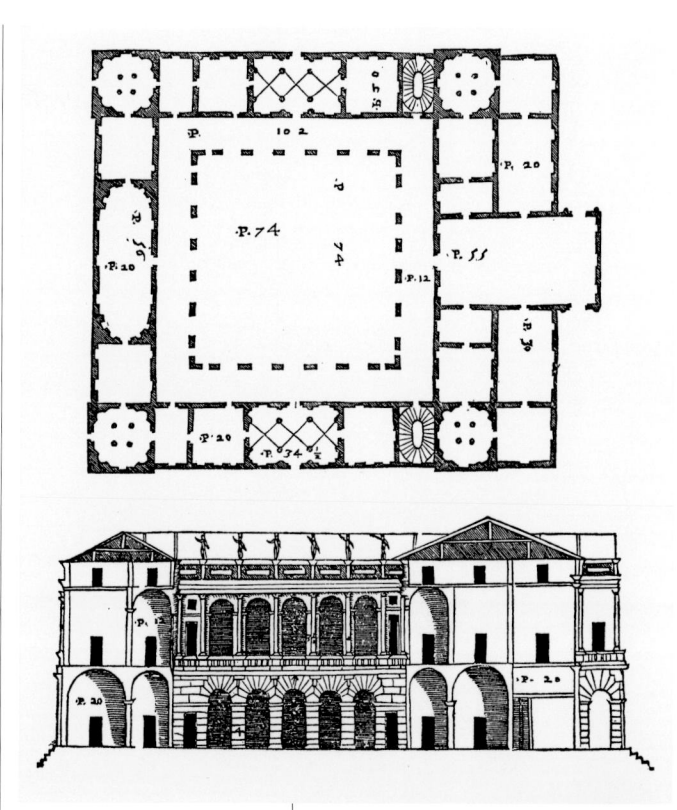

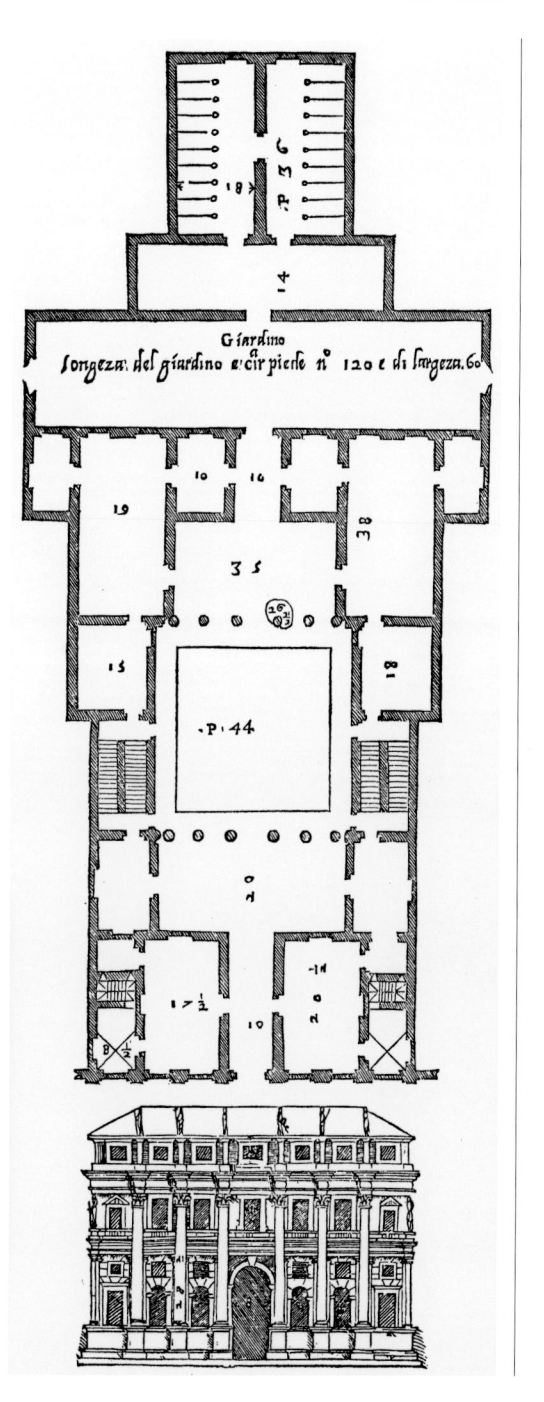

ARCHITETTURA PALLADIANA

★ロッジァ・デル・カピタニアート、ヴィチェンツァ。
Loggia del Capitaniato, Vicenza.
●左下／正面外観図。
◆〈p. V-69〉

★パラッツォ・ヴァルマラーナ、ヴィチェンツァ。
Palazzo Valmarana, Vicenza.
●右／平面図・正面図。
◆〈p. V-67〉

ARCHITETTURA ITALIANA

★パラッツォ・デッラ・ラジョーネ、通称バジーリカ、ヴェーネト州ヴィチェンツァ、1549～1617年。
Palazzo della Ragione, "Basilica", Vicenza.

●上／ヴィチェンツァ市街遠望、南方向の丘の上から。薄緑色の屋根がバジーリカ。下・右頁上／シニョーリ広場から。右頁下左／後正面入口。右頁下右／ロッジァのヴォールト天井。

◆パッラーディオ Palladio が初めて設計した公共建築。15世紀ゴシック様式の公会堂の周囲をロッジァ（開廊）が取り囲み、大きな船底天井の屋根が遠方からでもよく目立つ。
〈p. V-62に正面図〉

■ヴィチェンツァはヴェネーツィアの西60km、パードヴァの北西25km、ヴェローナの東40kmに位置する。12世紀にはコムーネ（自治都市）の機構が整ったが、13世紀後半にはパードヴァ、14世紀にはヴェローナ、そして15世紀以降はヴェネーツィアの支配下におかれた。市内にはヴェネーツィア風のゴシック建築ものこっている〈第Ⅲ巻〉。15世紀中頃からパッラーディオ設計の建築が都市の姿を革新したことから、創造者の都市 Città d'Autore とよばれる。近隣のパッラーディオのヴィラとともに、ヴィチェンツァ市街地もユネスコ世界遺産に登録されている。

ARCHITETTURA ITALIANA

★パラッツォ・ティエーネ、ヴェーネト州ヴィチェンツァ、1542〜58年。
Palazzo Thiene, Vicenza.
●右上／ザネッラ通りに面した正面外観。
◆パッラーディオ Palladio の初期のパラッツォ。粗石積みアーチの要石の処理などには、ジューリオ・ロマーノ〈p.Ⅴ−26〜31〉の影響が感じられる。

★パラッツォ・キエリカーティ、ヴェーネト州ヴィチェンツァ、1551〜80年頃。
Palazzo Chiericati, Vicenza.
●左上／正面上部。左下／正面の列柱開廊。右下／正面外観。
◆パッラーディオ Palladio の設計。現在はヴィチェンツァ市立美術館となっているが、当初から公共的性格の建物として設計されていることは、マテオッティ広場に面したファサード1階の列柱開廊（ロッジァ）からもみてとれる。ファサードは2層構成で、下層はドーリス式、上層はイオニア式の円柱を持つ、古典主義建築である。彫像や尖塔は後に付け加えられたもので、パッラーディオの『建築四書』には描かれていない。

★パラッツォ・イゼッポ・ダ・ポルト、ヴェーネト州ヴィチェンツァ、1549〜52年頃。
Palazzo Iseppo da Porto, Vicenza.
●上／ポルティ通りに面した正面外観。
◆パッラーディオ Palladio の設計。最近化粧直しをして小綺麗になったため、古典主義の荘厳さは薄らいでしまった。中庭など『建築四書』に載っているプランは実現せず、窓の装飾や彫像の数・位置も縮小・変更されてしまったようだが、パッラーディオらしさは随所に感じられる。
〈p.Ⅴ-62〜63に平面図など〉

★パラッツォ・ヴァルマラーナ、ヴェーネト州ヴィチェンツァ、1566〜82年頃。
Palazzo Valmarana, Vicenza.
●下左／正面外観。下右／正面扉口上部。
◆パッラーディオ Palladio の設計。コリント式柱頭を持つ付柱が2階分の高さを持ち（ジャイアント・オーダー）、上に伸びる豪壮な建築となっている。
〈p.Ⅴ-63に平面図など〉

★パラッツォ・バルバラーノ、ヴェーネト州ヴィチェンツァ、1570〜75年頃。
Palazzo Barbarano, Vicenza.
●上左・上右／正面の装飾部分。下／ポルティ通りに面した正面外観。
◆パッラーディオ Palladio の設計したヴィチェンツァ市内のパラッツォのなかで、もっとも装飾豊かで美しい建築である。〈p. V-62に正面部分図〉
■最近、外装も修復して、パッラーディオ博物館となる準備中とのことで、楽しみだ。

★ロッジァ・デル・カピタニアート、別名ロッジァ・ベルナールダ、ヴェーネト州ヴィチェンツァ、1571年。
Loggia del Capitaniato o Loggia Bernarda, Vicenza.
●左／正面外観。
◆パッラーディオ Palladio の設計だが、未完成。2階分の高さのコリント式大円柱を持ち、スタッコ細工で装飾されている。〈p. V-63に外観図〉

★シニョーリ広場、ヴェーネト州ヴィチェンツァ。
Piazza del Signori. Vicenza.
●下／西から東を眺める。
◆ヴィチェンツァの中央広場で、パッラーディオの重要な建築、ロッジァ・デル・カピタニアート（左端）とバジーリカ（右）が広場に面している。時計のある塔は高さ82mのピアッツァの塔 Torre di Piazza（12～15世紀）。

ARCHITETTURA ITALIANA

★サンジョルジョ・マッジォーレ聖堂、ヴェーネト州ヴェネーツィア、1565〜1611年。
San Giorgio Maggiore, Venezia.
●下／正面外観。右／サンマルコ鐘塔から。
◆パッラーディオ Palladio の設計で、サンマルコ沖の島にあるサンジョルジョ・マッジォーレ修道院の聖堂として建てられた。古典主義様式のファサードは、イストリア産の石の白さとあいまって、荘厳で純粋性を見事に表現している。内部は三廊式で、ファサード同様、純白で簡素な後期ルネッサンス様式に造られている。これは宗教改革に対抗するためにローマ・カトリック教会が開いた、トゥレント公会議（1563年）で決まった新典礼にあわせたためのもので、装飾の多いそれまでのヴェネーツィアの教会とは一線を画すものであった。
〈p.Ⅴ-74に正面外観図など〉

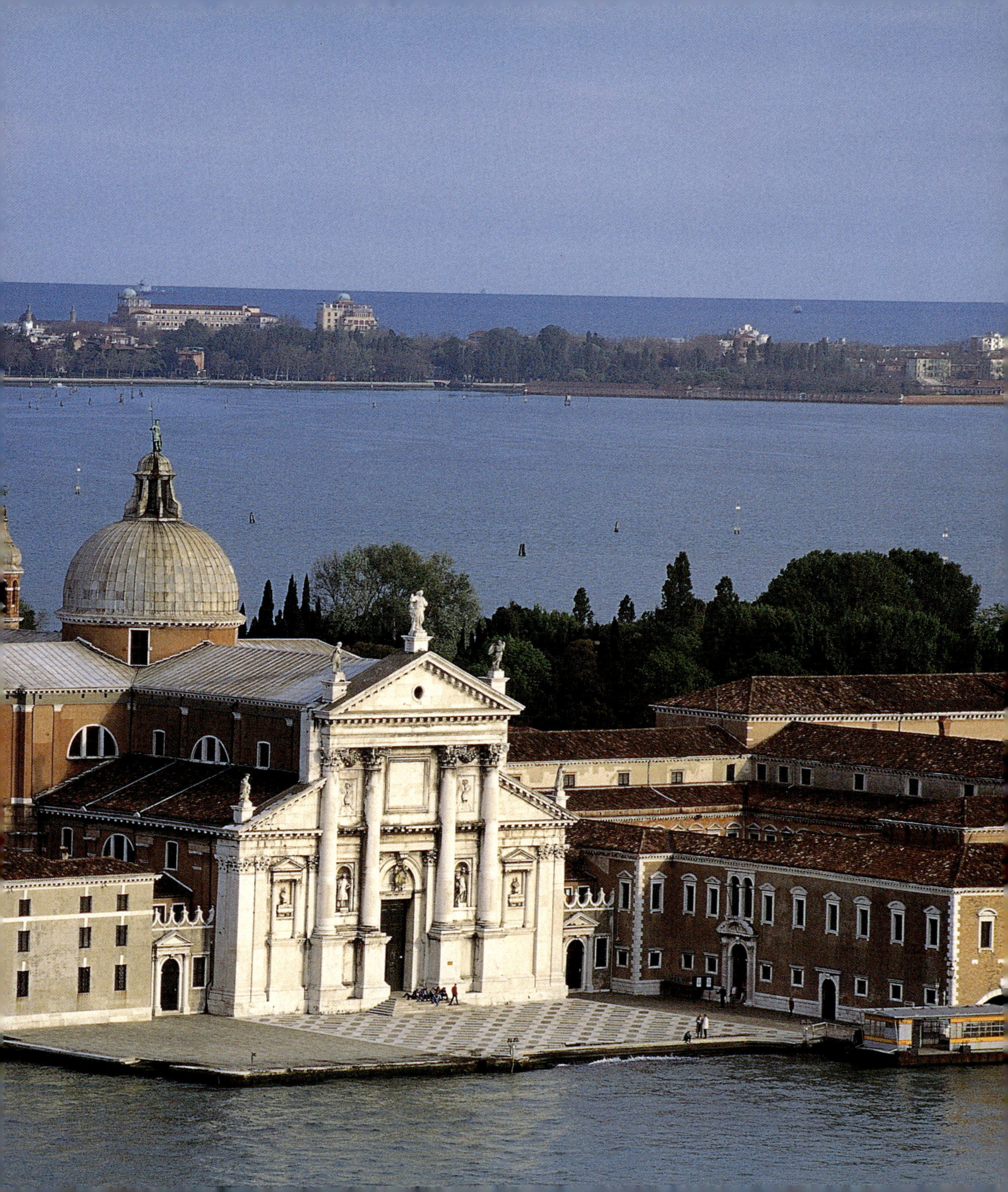

★イル・レデントーレ聖堂、ヴェーネト州ヴェネーツィア、1577〜1592年。
Il Redentore, Venezia.
●左／正面外観。
◆パッラーディオ Palladio の設計。ファサードは大小ふたつの古代神殿を重ねあわせたかたちで、サンジョルジョ・マッジョーレ聖堂〈p.Ⅴ-68〉とよく似ているが、こちらの方が完成度が高いと評価されている。内部も同様に簡素な造りだが、側廊はなく、3つの側祭室が並んでいる。
〈p.Ⅴ-75に平面図など〉
■1576年に大流行したペストの鎮静に感謝して、レデントーレ（救世主、イエス・キリスト）に捧げる聖堂として建立された。そのときから始まったレデントーレ祭（7月第3日曜）では、対岸から運河いっぱいに小舟を並べて橋を架け、厳粛な行列が聖堂へと渡っていく。

★テンピエット・バールバロ聖堂、ヴェーネト州トゥレヴィーゾ県マゼール、1580年〜。
Tempietto Barbaro, Maser in provincia di Treviso.
●右頁左上／クーポラ内部。右頁左中／コリント式円柱が支えるプロナオスの天井。右頁左下／正面扉口。右頁右／正面外観。
◆パッラーディオ Palladio の設計。ファサードはローマのパンテオン〈第Ⅰ巻〉を思わせるが、聖堂の柱頭の間を花綱飾りで装飾するところなど、パッラーディオならではのもの。パッラーディオにとって最後の聖堂建築となった。
〈p.Ⅴ-74に平面図〉
■依頼者が同じこともあり、ヴィッラ・バールバロ〈p.Ⅴ-51〉のすぐそばに建っている。

V – 73

ARCHITETTURA ITALIANA

▼パッラーディオの教会
★サンジョルジョ・マッジォーレ聖堂、ヴェネーツィア。
San Giorgio Maggiore, Venezia.
●上左／正面外観図。上右／聖堂内部。
◆〈p.V-70〉

★サンフランチェースコ・デラ・ヴィーニャ聖堂、ヴェネーツィア、1562〜66年頃。
San Francesco della Vigna, Venezia.
●上左／正面外観図。
◆サンソヴィーノ Sansovino 設計の聖堂で、正面をパッラーディオ Palladio が設計した。

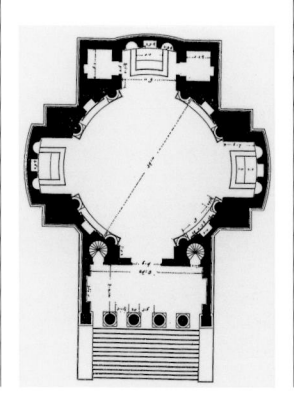

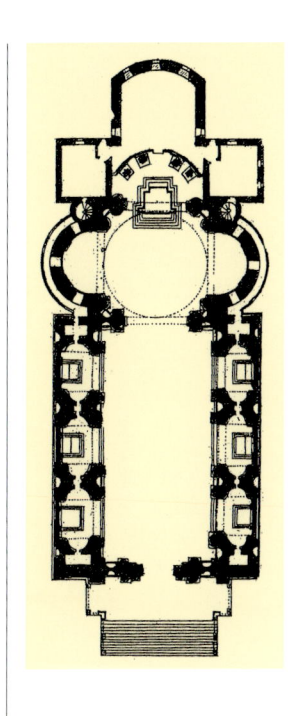

★テンピエット・バールバロ聖堂、マゼール。
Tempietto Barbaro, Maser in provincia di Treviso.
●左頁下右／平面図。
◆〈p.Ⅴ-72〉

★イル・レデントーレ聖堂、ヴェネーツィア。
Il Redentore, Venezia.
●左上／平面図。右上／正面外観図。右下／断面図。
◆〈p.Ⅴ-72〉

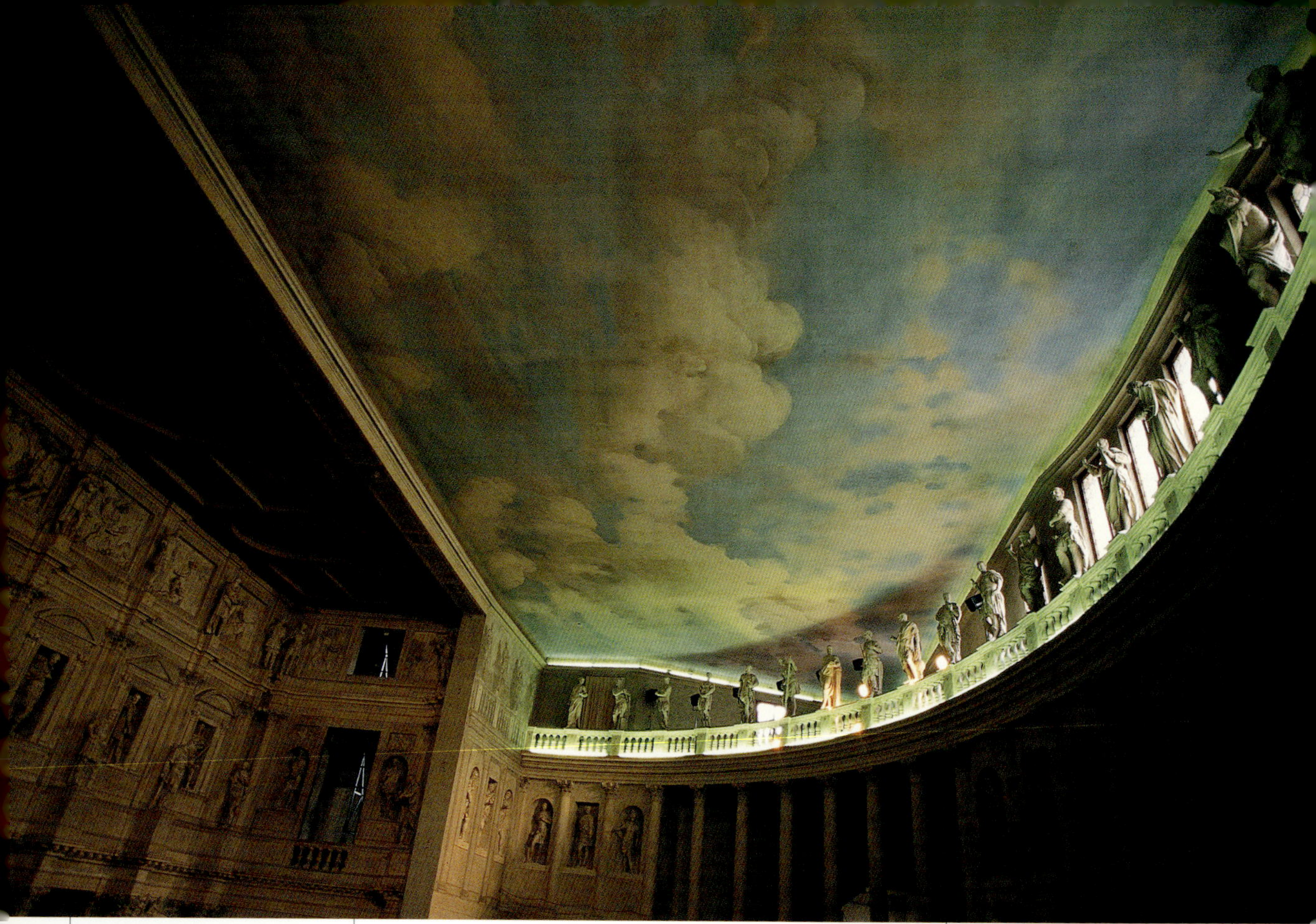

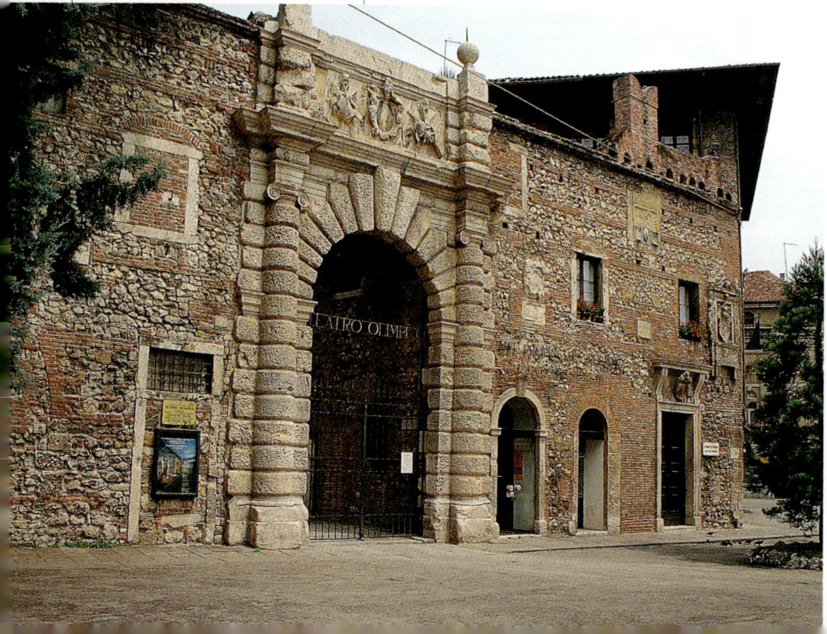

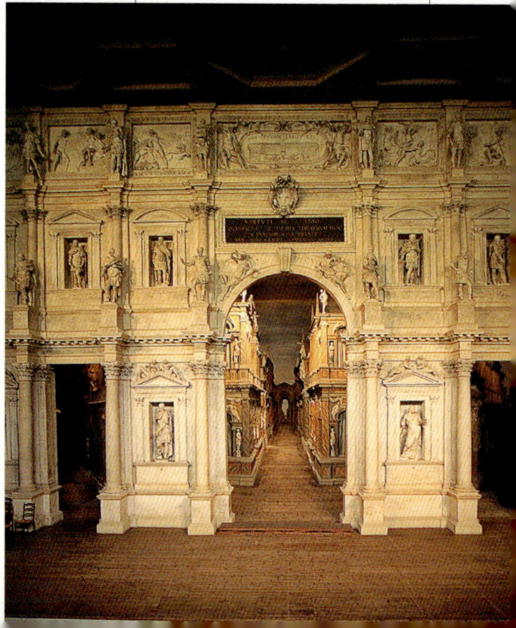

★テアートゥロ・オリーンピコ、ヴェーネト州ヴィチェンツァ、1580〜83年頃。
Teatro Olimpico, Vicenza.
●左頁上／劇場内部の天井。左頁下左／舞台背景。左頁下右／正面入口。下／平面図。
◆パッラーディオ Palladio の最後の建築となった劇場で、息子のシッラ Silla が完成させた。劇場内部は木造とスタッコ（漆喰装飾）で造られているが、古代劇場の形態がそのまま生かされている。現存する最古の屋内劇場である。観客席は半長円形で13段、舞台には透視画法を駆使した舞台背景が造られているが、これはヴィンチェンツォ・スカモッツィ Vincenzo Scamozzi の手になる。

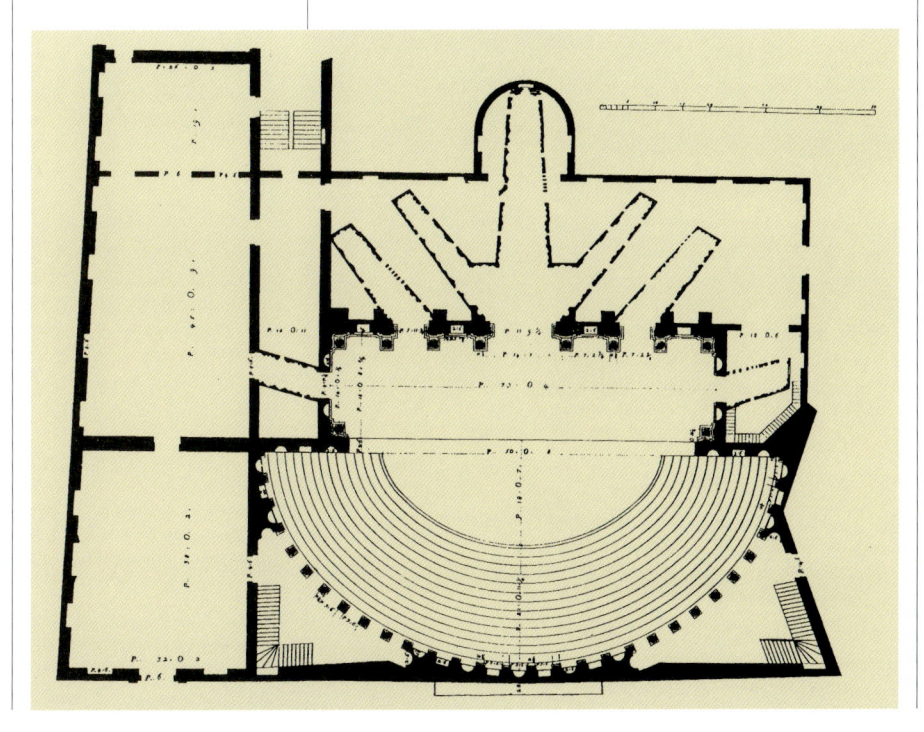

★ポンテ・ヴェッキオ、ヴェーネト州ヴィチェンツァ県バッサーノ・デル・グラッパ、1569〜70年。
Ponte Vecchio, Bassano del Grappa, in provincia di Vicenza.
●上／川岸から。
◆パッラーディオ Palladio は『建築四書』にもいくつかの橋の設計案を掲載している。ヴェネーツィアのリアルト橋の設計案が採用されなかったこともあって、この橋が唯一現存している。洪水や戦争で何度も壊れているが、そのつど同じように再建された。屋根が付いているのもパッラーディオの設計である。
〈p. V-81に側面図など〉

V-77

ルネッサンスの理想都市

ルネッサンス都市とよばれるものは、イタリアでは15世紀のピエンツァ、フェッラーラ〈ともに第Ⅳ巻〉などがあるが、それらは中世都市の一部を整備・拡張したものであった。しかしその後、商業圏がそれまで以上に拡大し、盛んになるにつれて、新しい時代の実情にあわせた理想的な都市を建設する機運が高まってくる。

15世紀後半から17世紀にかけて理論的に描かれた理想都市 Città Ideale の多くは、多角形の平面プランをもっている。これは当時、火薬の発明によって生まれた強力な兵器から都市を守るために考え出されたことであった。城壁にも土塁が必要となり、敵を迎え撃ち側面攻撃をするためには先の尖った稜堡が重要な役割を果たす。この稜堡を生かすためには、方形よりも五角・六角形、多角形のほうが有利なのである。

理想都市の計画案は続々と発表されたが、実行に移されたことはまれであった。パルマノーヴァやサッビオネータが実際に建設され、しかも今にのこっているのは、ひじょうに貴重なことといえる。

★理想都市パルマノーヴァ、フリウーリ・ヴェネーツィア・ジゥーリア州ウーディネ県、1593年〜17世紀初頭。
Palmanova, in provincia di Udine.
●左／平面図。右頁上／南に位置するアクイレーイア門 Porta Aquileia。
◆ヴェネーツィア共和国が、トルコとオーストリアからの防衛目的で建設した。星形の突出部を持つ城壁に囲まれた九角形の平面プランで、北東・北西・南の3か所に門(1605年)がある。図には街の中心に記念建造物が描かれているが、これは当初から建設されなかったようで、現在は1辺約100mの六角形の広大な広場となっている。そのほかは、この図とほとんど変わらず、城壁も門もほぼ完全に400年前の姿を残している。この都市計画にはヴィンチェンツォ・スカモッツィ Vincenzo Scamozzi が関与しており、3つの門も大聖堂 Duomo (1602年) もスカモッツィの設計である。

CITTÀ IDEALE

★理想都市サッビオネータ、ロンバルディーア州マーントヴァ県、16世紀後半。
Sabbioneta, in provincia di Mantova.
●下左／スカモッツィの理想都市（1615年）。下右／現在のサッビオネータ。
◆サッビオネータはマーントヴァの南西20kmに位置する。マーントヴァの領主ヴェスパシアーノ・ゴンザーガ Vespasiano Gonzaga が、ルネッサンスの原理にのっとって計画した理想都市である。パルマノーヴァほど保存状態はよくないが、星形の突出部を持つ城壁に囲まれ、整然とした街並みが残されている。パルマノーヴァは中央広場から放射状に道路が延びているが、サッビオネータは碁盤の目状で、後のスカモッツィの理想プランと酷似している。なお、スカモッツィはこの街にテアートゥロ・アッランティーカ〈p.Ⅴ-80〉を残している。

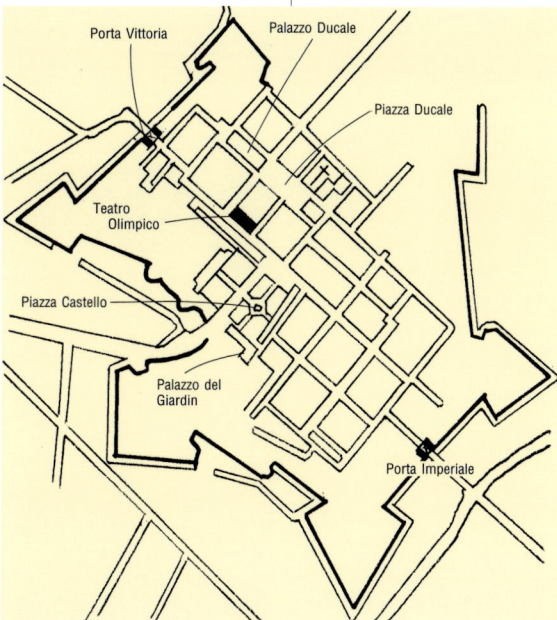

★テアートゥロ・アッランティーカ（古代風の劇場）、別名テアートゥロ・オリーンピコ、ロンバルディーア州マーントヴァ県サッビオネータ、1588年。
Teatro all'Antica, o Teatro Olimpico, Sabbioneta in provincia di Mantova.
●上／劇場内部、観客席の後部。下／外観。
◆パッラーディオのテアートゥロ・オリーンピコの完成にも関与したヴィンチェンツォ・スカモッツィ Vincenzo Scamozzi 設計の、独立した劇場。馬蹄形に回る観客席の後ろに古典様式の列柱が巡り、上には彫像が立っている。だまし絵的フレスコ画の効果もあいまって、幻想的空間がつくりだされている。

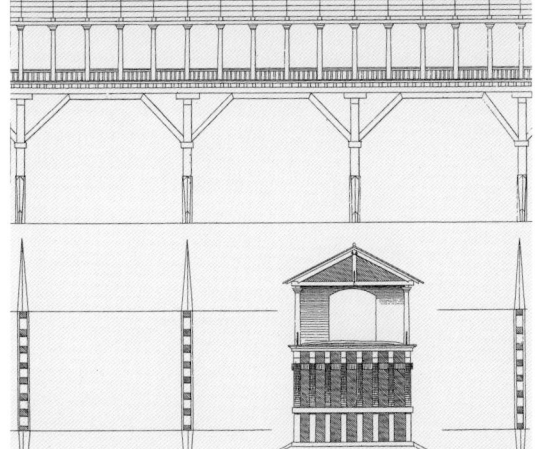

★上／ポンテ・リアールト、ヴェーネト州ヴェネーツィア、1588〜91年。Ponte di Rialto, Venezia.
◆ヴェネーツィアでもっとも有名な橋で、パッラーディオ、ヴィニョーラ、サンソヴィーノ、スカモッツィ、ミケランジェロらそうそうたる建築家が参加したコンペで、アントーニオ・ダ・ポンテ Antonio da Ponte の案が予算の都合もあって採用されて、建造されたという。

★パッラーディオ設計の橋。
●下左／バッサーノのポンテ・ヴェッキオ。〈p.Ⅴ-77〉
●下右／ポンテ・リアールトの設計案。

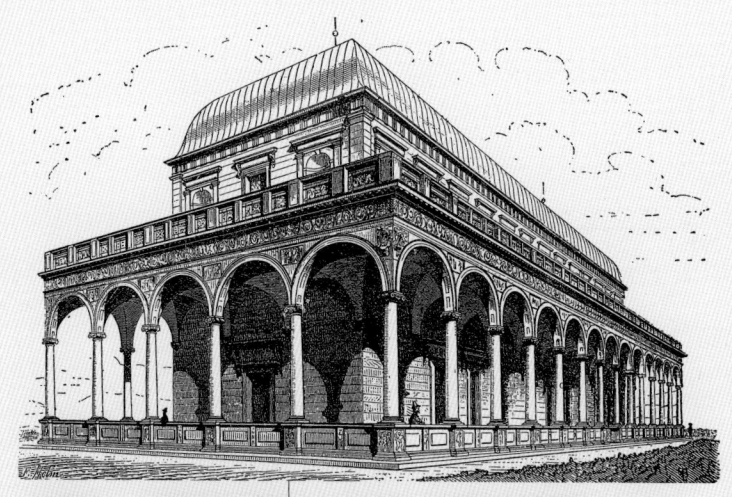

同時代のヨーロッパ建築

▲チェコのルネッサンス
★左上／ベルヴェデーレ宮、プラハ、1538〜64年。
◆アルプス以北でもっとも美しいイタリア・ルネッサンス様式の建築と評される。イオニア式円柱の柱廊はブルッネレースキ、銅葺の大屋根はパッラーディオから想を得たと思われる。

▲ドイツのルネッサンス
★右上／フュルステンホフ宮、ヴィスマル、16世紀。
◆ヨーロッパ最北に位置するルネッサンス宮殿。

★左下／ハイデルベルク城のオットー・ハインリヒスバウ、1556〜63年。右頁／ハイデルベルク城のフリードリヒスバウ、1601〜07年。
◆人像柱や彫像をはじめ、おびただしい装飾で埋めつくされている。精神的にマニエリスム的であり、バロックを先取りしたものと評価する向きもある。

同時代のヨーロッパ建築

同時代のヨーロッパ建築

▲ドイツのルネッサンス

★左上／ローテンブルグ市庁舎、14〜16世紀。
◆左手の塔と切妻の正面はゴシック期のものだが、右手の長辺の正面や八角形の階段塔はルネッサンス様式で造られている。

★右上／ブラウンシュヴァイクの織物会館、1591年。
◆ファサードに大きな破風を立ち上げて、装飾を施す様式は、ドイツ・ルネッサンスの特徴。鋲止めされた革紐細工に見えることから、ストラップワーク装飾とよばれる。

★左下／ザンクトミヒャエル聖堂内部、ミュンヘン、1583〜97年。
◆アルプス以北で最初の大規模なイエズス会聖堂。内部の構成はイル・ジェズー聖堂にならっている。

同時代のヨーロッパ建築

▲オランダ・ベルギーのルネッサンス
★上／アムステルダム市庁舎、1648～55年。
◆砂岩を用いた大きな建物でローマのパラッツォ風の古典様式だが、破風の装飾はドイツ・ルネッサンスと共通する。

★下左／グランヴェッラ宮、ブリュッセル、1559年～。
◆窓の意匠など、初期ルネッサンス的な風貌をもつ。

★下右／トゥリッペンハイス（トゥリップ兄弟の家）、アムステルダム、1662年。
◆ジャイアント・オーダーのコリント式付柱が特徴的。煙突が大砲の形をしているのは、武器商人の家だから。

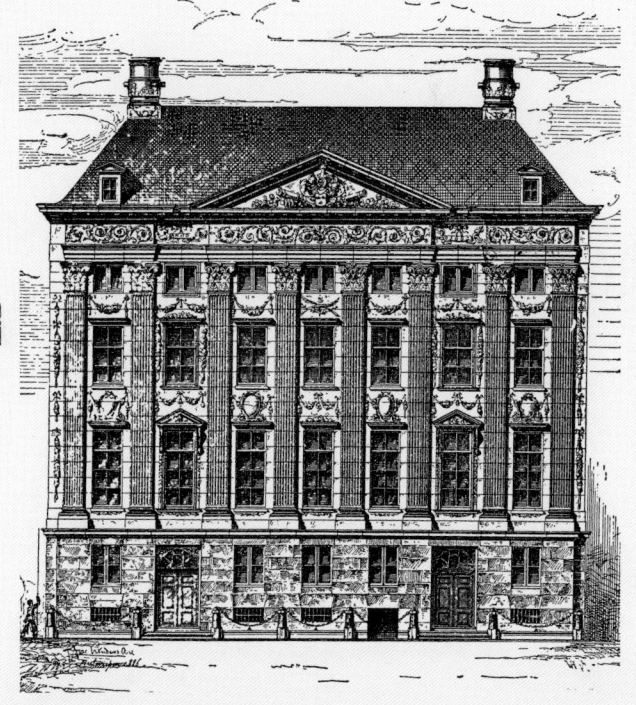

編集後記

　今から8年前のこと、初めてパッラーディオの建築に出会ったのは、ヴィッラ・カルドーニョだった。その前日にヴィチェンツァの街を歩いて、バジーリカも、いくつかのパラッツォも見てはいるのだが、それはただ見たというだけのことでしかなかったのだと、今は思う。

　ヴィッラ・カルドーニョは、ヴィチェンツァ郊外の小さな村の通りの一角にある。外観はどうであるかというと、じつはあまり覚えていない。イタリアにならどこにでもある、ちょっと古い建物としか認識できなかったのだと思う。ラ・ロトンダのように丘の上に優美な姿を見せているわけでも、ラ・マルコンテータのように川岸に建って水面に姿を揺らしているわけでもなく、近所のおじいさんが鍵を預かって管理しているという、素朴さだった。

　そのおじいさんが、約束の時間をずいぶん過ぎても来てくれず、私たちは少しイライラしていた。このまま帰っても別にいいかな、と思うくらいで、おじいさんがやっとやって来て、扉を開けてくれ始めても、まだ、この建築に期待はしていなかった。

　中に入ると、真っ暗で、ひんやりとして、少しカビ臭いような匂いがあった。おじいさんは、陽気な田舎の好好爺といった感じで、言葉のわからない私にもいろいろと話しかけながら、窓を開けていく。少しずつ、室内への光の量が増えていく。と、そこにギリシア彫刻のような巨大な男の像が、浮かび上がってきた。その迫力ある姿に、「おおーっ」と、思わず言葉にならない声が出てしまう。その裸の男性像は、柱となって天井を支えていて、その側には音楽を楽しむ男女が描かれている。おじいさんがドアを開けてくれたので、となりの部屋が少し見えた。あちらの部屋では暖炉を等身大の女性像が支えている。

　おや、なんか変だな、と、そのとき初めて思った。となりの部屋の女性像のほうが小さく遠くにあるのに、近くの巨大な男性像よりも立体的に見える。近づいて行くと、その男性像はますます迫力をもって迫ってくる。ところが、よくよく見ると……、「だまされた」。それは音楽を楽しむ男女たちと同様に、平面の壁に描かれた、だまし絵だったのだ。暖炉を支える女性像は、正真正銘の彫刻だった。それから、またもう一度、見直した。でも、絵だとはわかっていても、立体像に見えてしまう。そのほか、あちこちを探検していくと、窓の下にあるベンチはまるでフレスコ画のようなのに、実際に座ることのできるものであったりと、この建物は、絵と彫刻による遊戯空間のようで、とても楽しい時を過ごすことができた。その不思議な気分と感動を、喜多章は見事に写真にうつしこんでいる。

　その後、この建築の内装にパッラーディオはあまり関わっていないことを知った。少し複雑な気持ちではあるが、私がここで初めてパッラーディオと出会ったことは、間違いのないことだと思う。また、ラ・ロトンダやヴィッラ・バルバロで、ヴェロネーゼらのすばらしい装飾も目にした。しかし、いずれも、あの日の感動には及ばない。私たちのためだけに開かれた秘密の扉は、ヴィッラ・カルドーニョにしかなかったのだから。

　あの日以来、パッラーディオへの興味がわき、それはイタリア建築全般への興味となって、この全6巻のシリーズを企画するもととなった。今回の取材で、ヴィッラ・カルドーニョを再訪するかどうか、迷ったのだが、結局、行かないこととした。いくら喜多さんとて、あのとき以上の感動を、写し撮ることはできないだろうから。

　　　　　　　　　　　　　　　　　　　　　　　　　　　　　　　　　　　　［大槻武志］

監修 supervisor
陣内秀信 JINNAI Hidenobu

写真 photographer
喜多章 KITA Akira

編著 editorial director
大槻武志 OTSUKI Takeshi

取材 reporter
大津鍵 OTSU Ken
[O₂ KeyStone]

出版コーディネート
publishing coordinator
角谷正己 SUMIYA Masami
[KSK]

印刷コーディネート
printing coordinator
小林靖 KOBAYASHI Yasushi
[NISSHA]

印刷監理 printing director
水島利清 MIZUSHIMA Toshikiyo
[NISSHA]

装丁 designer
泉太志 IZUMI Taishi
[O₂ KeyStone]

●参考文献

CHARACTER OF RENAISSANCE ARCHITECTURE, Charles Herbert Moore, THE MACMILLIAN COMPANY, 1905.
A HISTORY OF ARCHITECTURE, Vol. Ⅳ, A. L. Frotingham, DOUBLEDAY, PAGE & COMPANY, 1915.
ICONOGRAPHIC ENCYCLOPAEDIA, J. G. Heck, RUDOLPH GARRIGUE, 1851.
ARCHITETTURA ITALIANA ANTICA E MODERNA, Alfredo Melani, ULRICO HOEPLI, 1989.
ARCHITETTURA ITALIANA DALL'ANTICHITÀ AL LIBERTY, Carlo Perogalli, EDIZIONI MARTELLO, 1994.
STORIA E CONTROSTORIA DELL'ARCHITETTURA IN ITALIA, Bruno Zevi, GRANDI TASCABILI ECONOMICI NEWTON, 1997.
GUIDA RAPIDA D'ITALIA, 1-5, TOURING CLUB ITALIANO, Edizione 1996.
PALLADIO, Manfred Wundram, Thomas Pape, Paolo Marton, BENEDIKT TASCHEN, 1993.
都市と建築, S. E. ラスムッセン著, 横山正訳, 東京大学出版会。
パラディオへの招待, 長尾重武, 鹿島出版会。
カラー版西洋建築様式史, 熊倉洋介＋末永航＋羽生修二＋星和彦＋堀内正昭＋渡辺道治, 美術出版社。
ビジュアル版西洋建築史・デザインとスタイル, 長尾重武・星和彦, 丸善。
西洋建築史図集・改訂新版, 日本建築学会編, 彰国社。
世界美術大全集, 小学館。
世界美術大事典, 小学館。
世界の歴史と文化・イタリア, 河島英昭監修, 新潮社。
世界史総合図録, 成瀬治・佐藤次高・木村靖二・岸本美緒監修, 山川出版社。
イタリア旅行協会公式ガイド・1〜5, NTT出版。
イタリア—ミシュラン・グリーンガイド, 実業之日本社。
望遠郷9—ローマ, 同朋社出版。
望遠郷5—ヴェネツィア, 同朋社出版。
望遠郷1—フィレンツェ, 同朋社出版。

陣内秀信
1947年生れ。1971年東京大学工学部建築学科卒業。1973〜76年ヴェネツィア建築大学およびローマ・センターに留学。東京大学大学院工学系研究科修了・工学博士。東京大学助手、法政大学講師、パレルモ大学客員教授を経て、1990年より法政大学工学部教授。主な著書：『都市のルネサンス』（中央公論社）、『イタリア都市再生の論理』（鹿島出版会）、『ヴェネツィア』（鹿島出版会）、『都市を読む・イタリア』（法政大学出版局）、『イタリアの水辺風景』（編著、プロセスアーキテクチュア）、『イタリア・小さなまちの底力』（講談社）、『南イタリアへ！』（講談社）、『ヴェネツィア・光と影の迷宮案内』（日本放送出版協会）、『都市の地中海』（NTT出版）、『地中海都市周遊』（共著、中公新書）

喜多章
1949年生れ。1970年東京写真専門学院大阪校卒業。1980年よりフリーランスの写真家として活動。1989年作品「群れ」で太陽賞を受賞。主な個展：「大阪ロマン」「息づく建築」「茶室」「ゴーストタウン」「祭」「大震災・町の変貌全記録」。主な写真集・著書：『祭—大爆発・日本の祭』（河出書房新社）、『京都の意匠Ⅰ・Ⅱ』（共著・建築資料研究社）

大槻武志
1954年生れ。1975年上智大学外国語学部フランス語科、1979年東京外国語大学外国語学部インドシナ語科ヴェトナム語専攻中退。出版編集プロダクション勤務等を経て、1989年インテリア・マガジン『コンフォルト』（建築資料研究社）の創刊に参画、初代編集長を務める。1995年単行本シリーズ『コンフォルト・ライブラリィ』、2000年『コンフォルト・ギャラリィ』を創刊、企画・編集にあたっている。

建築と都市の美学
イタリアⅤ　奇　想
マニエリスム［後期ルネッサンス］

2001年1月25日　初版第1刷印刷
2001年2月10日　初版第1刷発行

監修
陣内秀信

写真
喜多章

編著
大槻武志

企画・編集
㈲大槻武志編集事務所
〒112-0014 東京都文京区関口2-5-14-814
電話・FAX 03-3947-5132

発行者
馬場暎八郎

発行所
㈱建築資料研究社
〒171-0014 東京都豊島区池袋2-72-1 日建学院2号館
電話 03-3986-3239　FAX 03-3987-3256

印刷・製本
日本写真印刷㈱

Copyright©2001 Otsuki Takeshi Editorial Office. Printed in Japan
ISBN4-87460-571-0 C2070